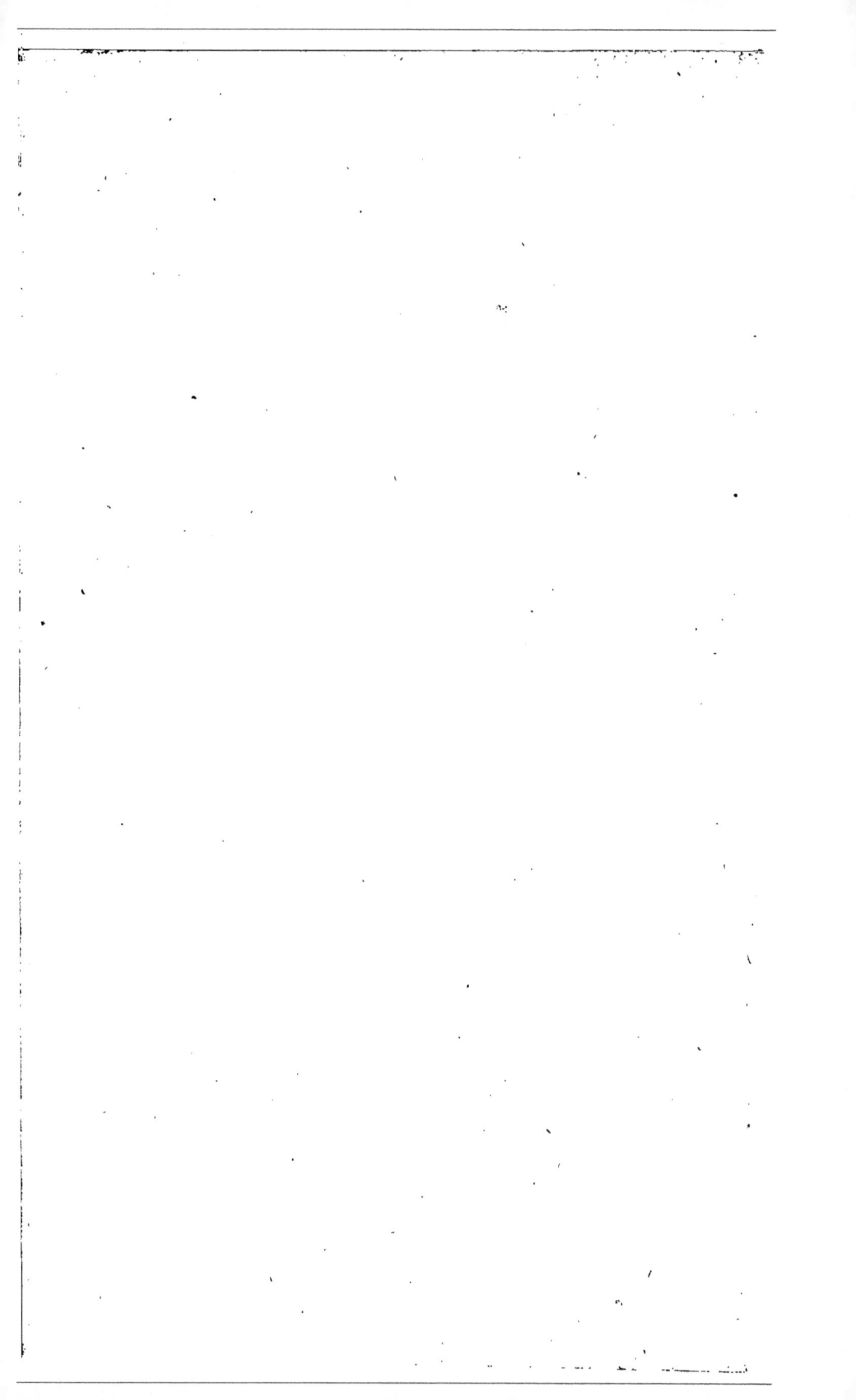

MÉMOIRE

QUE L'ASSEMBLÉE

DES

ÉTATS-GÉNÉRAUX

DE LA PROVINCE

DE LANGUEDOC,

A délibéré le 31 Décembre 1779, de présenter au Roi sur l'Article vingtieme des Instructions de Sa Majesté à MM. ses Commissaires auxdits États.

A MONTPELLIER,

De l'Imprimerie de JEAN MARTEL AÎNÉ, Imprimeur Ordinaire du Roi, & de Nosseigneurs des États de la Province de Languedoc.

M. DCC. LXXX.

MÉMOIRE

QUE L'ASSEMBLÉE

DES ÉTATS-GÉNÉRAUX

DE LA PROVINCE

DE LANGUEDOC,

A délibéré le 31 Décembre 1779, de pré-
senter au Roi sur l'Article vingtieme des
Instructions de Sa Majesté à MM. ses
Commissaires auxdits Etats.

LES ÉTATS doivent avant tout, des remerciments à SA MAJESTÉ, au nom de ses Sujets, des principes d'économie qui la portent à faire différentes reformes & retranchements dans ses dépenses. Elle a déjà eprouvé l'heu-

A

reux effet de cette méthode , qui l'a mis à
portée de fuffire , fans Impofition nouvelle ,
aux frais d'une Guerre néceffaire & difpen-
dieufe ; & plus Sa Majefté étendra cette
économie , plus Elle la portera dans chacun de fes départements , & dans toute
efpece de dépenfe , plus Elle y trouvera de
reffources , & plus Elle s'attirera l'amour ,
la confiance & les bénédictions de tous fes
Sujets.

LES ÉTATS doivent enfuite des remerciments particuliers à Sa Majefté , de la
confiance dont Elle veut bien les honorer ,
en croyant qu'ils mettront à des reformes
utiles , le même zèle qu'ils ont témoigné en
toute occafion pour le Service du Roi & le
bien de l'État. Quoique ce zèle ait pu les
accoutumer à une forte de facilité que l'économie paroît profcrire , & qu'il femble difficile que des Hommes habitués à être prodi-
gues envers leur Souverain , foient avares
dans leurs propres affaires , les États fe flattent de pouvoir concilier ces deux difpofi-

tions ; elles peuvent être produites par le même
fentiment , le défir de procurer le bien du
Service du Roi , & l'intérêt des Peuples.

POUR répondre aux Intentions de Sa
Majefté , les États croient devoir lui expofer dans un Mémoire détaillé , les diverfes
dépenfes qui font à leur difpofition , les
motifs fur lefquels elles font fondées, & les
principes fuivant lefquels elles font déterminées.

CE Mémoire remettra fous les yeux des
États le tableau de leurs dépenfes , & les
mettra à portée de délibérer ou de propofer
les retranchements ou les modérations dont
elles font fufceptibles ; il éclairera le Confeil
de Sa Majefté fur les raifons de ces dépenfes , & fur leur degré d'importance , &
configné dans le Procès-verbal qu'il eft d'ufage
d'imprimer depuis quelques années ; il inf-
truira tous les Habitants de la Province ,
des regles que fuivent leurs Repréfentants ,
& des foins que les États fe donnent pour
juftifier leur confiance.

LES ÉTATS n'ignorent pas qu'on a fouvent parlé avec exagération de ce qu'on appelle leur Magnificence. Si cette réputation
vient du zèle avec lequel ils fe font portés
dans tous les temps à déférer aux demandes
de leur Souverain, ils ne la défavoueront
pas, & fe feront toujours un devoir de la
mériter par de nouveaux efforts ; ils conviendront même que, foutenus par les reffources d'une grande Province, ils ne font
pas effrayés de l'excès d'une dépenfe, dès
qu'elle eft utile.

MAIS, fi on entend par Magnificence,
l'habitude de fe livrer à des dépenfes inutiles, ou le défaut d'ordre dans celles qui doivent avoir lieu, les États efperent que ce
Mémoire détruira cette opinion. On y verra
au moins que l'ordre & l'exactitude font
un des principaux objets de leur Adminiftration ; & fi quelque erreur leur eft échap-
pée, ils auront obligation à celui qui, inf-
truit par ce Mémoire, les mettra à portée
de la connoître & de la réparer. Si d'ail-

leurs des temps antérieurs au temps actuel, avoient procuré aux États cette réputation de Magnificence , ils ne croient devoir ni les juſtifier ni les critiquer ; il n'y a pas encore bien des années , que les principes de l'économie politique commencent à ſe perfectionner : les fautes de nos Peres ont pu appartenir au temps auquel ils ont vécu. Si depuis une vingtaine d'années pluſieurs abus ont été proſcrits ; ſi les principes d'une geſ- tion plus exacte ont été établis, il en doit réſulter que les États ont au moins ſuivi les progrès de leur ſiecle : le bien qu'ils ont pu faire , doit répondre de celui qu'ils s'ef- forceront de procurer ; & Sa Majeſté doit être perſuadée que la certitude de lui plaire, ajoutera encore au zèle que leur devoir leur impoſe.

POUR ne rien omettre de ce qui doit être mis ſous les yeux de Sa Majeſté , ce Mémoire contiendra trois Parties.

1°. Les frais de recouvrement depuis le moment où l'Impoſition ſort des mains des

Contribuables, jufqu'en celui où elle eft ver-
fée dans la caiffe de la Province, & enfuite
au Tréfor Royal.

2°. Les frais d'Adminiftration, dans lefquels
font auffi compris les encouragements accordés à l'Agriculture, au Commerce & aux
Arts.

3°. Enfin, les Travaux-Publics qui con-
tiennent toutes les dépenfes des chemins,
canaux, & autres ouvrages entrepris par
la Province, les Sénéchauffées, ou les Diocefes.

CES trois claffes renferment toutes les
dépenfes fur lefquelles Sa Majefté peut défirer
d'être inftruite ; ce Mémoire en fera l'expo-
fition fimple : les Etats y joindront tout ce
qui, fous le rapport d'économie, peut contribuer au bien de la Province, & Sa Majefté
ne les condamnera pas, s'ils lui propofent
des reformes qu'il n'étoit pas en leur pouvoir d'opérer ; leur devoir eft de lui dire la
vérité fur tous les objets, ils la lui diront
également fur ceux qui les concernent ; moins

jaloux de se concilier l'approbation pour ce
qu'ils ont pu faire , que de la mériter en
acquérant de nouvelles lumieres , & les met-
tant à profit.

PREMIERE PARTIE.

Frais des Recouvrements.

TANT que les États n'ont pas été affurés
des principes d'économie qui dirigent le Gouvernement , tant qu'ils ont pu craindre que
les retranchements ne fuffent que des moyens
de diffiper , ils n'ont pas cru devoir s'occuper des reffources que l'Autorité fembloit négliger , qu'elle n'auroit pas même ménagées
d'après leurs répréfentations , & qui euffent
été perdues pour des temps plus favorables.

LES intentions connues de Sa Majefté ,
donnent aujourd'hui aux États une confiance
qu'ils ne pouvoient ni ne devoient avoir. Le
détail dans lequel ils vont entrer pour cette

partie de dépenfe, indique par lui-même les réductions dont elle eft fufceptible.

LES premiers frais de Recouvrement font ceux du Collecteur; on en diftingue de deux fortes, le Collecteur forcé, & le Collecteur volontaire. Quand la collecte eft forcée, le Collecteur doit avoir onze deniers; quand elle eft volontaire, il peut en avoir jufqu'à quatorze.

ON demandera d'abord d'où vient cette différence, & il paroîtra fingulier que le Collecteur volontaire ait plus de retribution que le Collecteur forcé; mais celui ci eft admis à porter en reprifes les Impofitions qu'il n'a pas reçues; le Collecteur volontaire doit au contraire faire les deniers nets; & c'eft cette derniere obligation qui lui a fait accorder une rétribution plus confidérable.

QUOIQUE le Collecteur volontaire puiffe avoir quatorze deniers, il ne faut pas croire qu'il les obtienne communément; la collecte eft mife à la moinfdite, & l'effet de cette moinfdite eft, 1°. Qu'il n'y a prefque point

de

de Collecteurs forcés. 2°. Que le prix de la collecte volontaire eft beaucoup plus avan‑ tageux.

DES deux mille huit cents Communautés & plus dont le Languedoc eft compofé, il n'y en a que cent quarante-fept où la collecte fe faffe à onze deniers, qui eft le prix du Collecteur forcé ; & dans ces cent quarante‑ fept, il y en a beaucoup où les onze de‑ niers font le prix de l'Adjudication ; ce qui oblige le Collecteur à y faire livre net.

DU RESTE, on ne compte que trois cents quarante - cinq Communautés où la collecte fe faffe à quatorze deniers ; & dans ces trois cents quarante-cinq, il y en a cent foixante - deux dans le feul Pays de Velay, où le défaut de communications & de Tra‑ vaux · Publics a retardé jufqu'ici les progrès des connoiffances, de l'induftrie, du Com‑ merce, qui diftinguent les diverfes parties de la Province.

DANS les autres Communautés, la collecte fe fait à beaucoup meilleur prix ; dans trois

B

cents cinquante-huit pour rien, & avec le
feul avantage des exemptions attachées au
titre de Collecteur ; dans quelques-unes à un,
à deux & à trois deniers, & ainfi fucceffivement jufqu'à quatorze, qui eft comme on
l'a dit, le dernier terme.

EN faifant un prix moyen de ces divers
prix, la collecte fe fait dans la Province à
cinq deniers pour livre ; ce qui n'eft pas confidérable, fur-tout en penfant que le Collecteur n'eft admis à aucune reprife.

IL faut remarquer cependant , que le taux
pour la collecte du Vingtieme & de la Capi-
tation eft à fix deniers ; ce taux fixé, entre
dans la fpéculation du Collecteur volontaire,
lorfqu'il fe préfente pour les autres Impofitions , & on ne conçoit pas pourquoi la
moinfdite n'eft pas auffi admife fur ces articles.

QUOIQUE ce taux de cinq deniers par
livre ne foit pas en général trop fort , comme
il n'eft que le prix moyen de la collecte, &
péche par un prix trop élevé dans quelques

Communautés , les Etats croient qu'il pourroit y avoir une réduction fur les quatorze
deniers auxquels la collecte volontaire peut
être portée , & que huit deniers fuffiroient
au Collecteur volontaire , comme fix deniers
au Collecteur forcé.

CETTE diftinction de deux collectes paroît aux Etats devoir être confervée ; la plus
grande économie eft celle qui donne à une
recette les avantages d'une Ferme ; & l'exemp-
tion des reprifes eft un des points les plus
effentiels dans les recouvrements.

CETTE réduction des quatorze deniers
à huit pour les Collecteurs volontaires , & de
onze à fix pour les Collecteurs forcés , af-
fectera à-peu-près un tiers des Communautés
de la Province ; & quoiqu'elle paroiffe peu
confidérable , elle fera cependant un foula-
gement pour ces Communautés ; & c'eft un
premier moyen d'économie que les Etats offrent à la Sageffe de Sa Majefté & aux Lumieres de fon Confeil.

AVANT 1610, la recette des Diocefes

étoit donnée à la moinfdite, comme la cól-
lecte des Communautés ; mais, à cette époque, le Gouvernement qui avoit établi des
Receveurs en titre pour les anciens deniers du
Roi, voulut auffi qu'ils reçuffent les deniers
extraordinaires ; & fucceffivement le droit de
ces Offices s'eft étendu fur toutes les Impofitions.

CETTE attribution procura au Roi une
augmentation de finance, qui s'accrut enfuite
par l'accroiffement des droits & des Offices ;
ils étoient d'abord moins nombreux ; on en
créa des triennaux & d'alternatifs ; ils n'avoient
dans l'origine que fix deniers pour livre, un
denier & demi fut ajouté à raifon d'une nouvelle taxation.

CHAQUE Diocefe a maintenant trois Offices en titre ; & comme fi ce n'étoit pas affez,
le plus grand nombre eft exercé par des Commis que les Titulaires mettent à leur place,
& paient fur leurs profits.

LA totalité de ces profits, dont le détail
fera mis fous les yeux de Sa Majefté lorf-

qu'Elle le jugera à propos , se porte à quatre cents soixante-treize mille livres & plus ,
sans compter les gages qui sont presque tous
payés par le Tréfor-Royal.

IL est évident que cette somme est exorbi-
tante pour la levée des deniers dont ces Offices sont chargés ; il est évident que trois
Titulaires sont inutiles ; il est évident qu'ils le
sont encore plus quand ils n'exercent pas
leur Emploi par eux-mêmes ; il est évident
enfin, que ce dernier abus d'un exercice étran-
ger, met plus de retard dans les paiements,
puisque les délais sont souvent la seule ref-
source des Commis ; tous ces inconvénients
sont sensibles , mais on ne peut les imputer
aux Etats ; ils sont la suite des créations d'Offices , & des droits qui leur sont attribués.

LA liberté qu'a laissé M. l'Abbé Terray aux
Propriétaires de ces Offices d'en fixer eux-
mêmes la valeur, en a peut-être augmenté le
prix. Pour un leger accroissement de Cen-
tieme-Denier , il n'a pas craint d'aggraver les
Charges de l'Etat ; & la nécessité de rem-

bourser, diminuera sans-doute, l'avantage que présenteroit une suppression entiere, ou au moins une réduction.

CE dernier moyen a été employé pour les autres Provinces du Royaume ; mais le bien qui en résulte n'est qu'éloigné, il ne tourne qu'au profit du Trésor-Royal, & encore ce profit n'est-il pas considérable, puisqu'il ne consiste que dans le retranchement des gages des Offices supprimés..

IL est digne de Sa Majesté de s'occuper de l'amélioration de cette partie d'Administration. Les Etats lui ont fait connoître l'abus, & quel en est le principe ; ils s'empresseront d'applaudir aux mesures que sa Sagesse prendra pour y remédier.

UNE des conditions de la recette, & qui ne doit jamais se perdre de vue, est que celui qui en est chargé fasse livre net, & aux époques marquées ; le Contribuable a quinze jours pour payer ; le Collecteur autant pour remettre les fonds au Receveur des Tailles ; celui-ci autant pour les rendre à la caisse de la Province ; & de la caiſſe de la Province, l'Impoſition doit auſſi paſſer au Tréſor-Royal dans des termes fixes & en douze mois.

ON aſſure que ce forfait eſt particulier au Languedoc ; & dans ce cas, c'eſt un avantage de ſon Adminiſtration. Si dans les autres Provinces, chaque échelle de Receveur ne fait pas de la recette ſon affaire propre, on ne peut nier que la perception eſt moins bien ordonnée, & d'une maniere moins utile pour le Gouvernement ; il ſemble qu'une rentrée ſure & invariable, eſt le principal objet qu'il doit ſe propoſer, & c'eſt ce qui ne peut être parfaitement rempli que par des Etats ou des Adminiſtrations Provinciales. La ſolidarité qui exiſte entre toutes les parties, empêche le déficit & les lenteurs ; & ſi l'Impôt peut quelquefois, par des malheurs particuliers, avoir beſoin de modération, il n'en éprouve jamais par la difficulté ou les délais de recouvrement.

CE forfait abſolu a dû influer néceſſairement ſur ce droit des Receveurs, & parti-

culierement fur ceux du Tréforier de la Province, qui peut éprouver des retards, mais
ne peut ni ne doit s'en permettre.

CE Tréforier a deux deniers par livre de
l'Impofition, & vingt mille livres qui lui font
attribuées pour que la remife en foit faite fans
retard au Tréfor-Royal.

LES ETATS ne comparent pas cette rétribution à celle que reçoivent les Receveurs-
Généraux des autres Provinces; ils favent
que la finance de leurs Charges eft confidérable, tandis que celle de leur Tréforier n'en
paie aucune; quoiqu'un titre d'Office foit toujours une dette & une importunité, ils ne
fe prévaudront pas de cette différence, mais
ils doivent obferver que leur Tréforier eft
fujet à de grands frais que nul autre Receveur n'eft tenu de fupporter. Il doit avoir
quatre caiffes; deux à Touloufe & à Montpellier pour la recette, & une troifieme à
Lyon pour le paffage des efpeces, & une
partie du recouvrement; & la quatrieme à
Paris, tant pour y fatisfaire au Tréfor-Royal,
que

que pour acquitter les rentes contractées par la Province pour le service du Roi.

CE Tréforier doit encore avoir des Ambu-lants qui parcourent les vingt-trois Diocefes de la Province pour y recevoir les fonds que les Receveurs ne font pas tenus de verfer dans fa caiffe ; il eft de plus obligé à des voyages annuels de Paris à Montpellier , & il a un établiffement confidérable dans chacune de ces deux Villes ; & ce font toutes ces con-fidérations qui ont porté les Etats à faire avec lui un Traité plus avantageux que s'il n'avoit été queftion que de recevoir les deniers des Receveurs , & de les diftribuer dans la Province.

CE Traité a cependant été diminué de cent mille livres depuis M. Bonnier , parce que les vues économiques s'étendent & fe perfectionnent infenfiblement ; & fi les Etats croyoient qu'il dût ou qu'il pût y avoir lieu à quelque nouvelle réduction , ils ne le dif-fimuleroient pas à Sa Majefté ; & ils augu-rent trop bien de leur Tréforier actuel , pour

C

ne pas croire que fi quelque retranchement étoit convenable , il feroit le premier à s'y prêter.

IL exifte encore en Languedoc un Receveur général ; il n'a d'autre rapport aux Etats que celui de recevoir fix cents foixante-dix-neuf mille cinq cents treize livres des Impofitions qu'ils fupportent ; ils en ignorent l'utilité ; mais c'eft encore un de ces Offices créé par le Gouvernement , & dont la dépenfe ne peut leur être imputée.

ILS connoiffent encore des Tréforiers des Mortes-Paies ; l'Impofition qui leur eft demandée fous ce nom , fe porte à vingt-fept mille trois cents trente-cinq livres ; huit mille trois cents une livres cinq fols fix deniers font remis au Tréforier des Etats , qui paie fur cette fomme le Gouverneur de Narbonne , le refte demeure entre les mains du Tréforier des Mortes-Paies , & la quittance même du Gouverneur de Narbonne lui eft remife ; ces Tréforiers font au nombre de trois ; l'exiftence & l'inutilité de ces Offices ne peuvent encore être imputées aux Etats.

ILS en diront de même du Tréforier des Fortifications, auquel les trente-quatre mille livres données par les Etats pour les Places fortes feront remifes.

IL leur paroît qu'en évitant ces cafcades, on éviteroit auffi les frais qu'elles fuppofent & qu'elles exigent.

TELS font les frais de recouvrement de toutes les Impofitions, à la réferve de ceux de la Ferme de l'Equivalent.

LES ÉTATS ne juftifieront pas cette Ferme en elle-même; mais on ne peut leur reprocher de l'avoir confervée, lorfqu'on voit un fi grand nombre d'Impôts fur les confommations, & en particulier les Aides, dont celui-ci eft, fuivant l'expreffion même l'équivalent, fe perpétuer fans aucune réforme, ils doivent croire que la converfion de ces Impôts onéreux, eft fujette à bien des difficultés, puifqu'elle n'eft pas effectuée par un Gouvernement auffi occupé du bien public.

LES ÉTATS donnent cette Ferme par

C ij

Adjudication ; il ne peut y avoir par-là ni faveur , ni protection , ni vues incertaines qui déterminent leurs suffrages , & cette méthode leur a paru moins sujette aux inconvénients que toute autre.

LE produit de la Ferme est versé dans la Caisse du Tréforier , mais sans qu'il lui procure aucune rétribution ; il n'est pas moins obligé d'acquitter à leurs termes, les charges affectées sur ce produit , & les retards des Fermiers n'en doivent pas mettre dans ses paiements.

C'EST la seule Imposition de cette espece qui existe en Languedoc au profit des Etats. Ils ont abonné toutes les autres qui ont lieu dans le Royaume : Inspecteurs aux Boucheries, Droits sur les Huiles & Savons, Droits de nouvel Acquêt , Dons-Gratuits des Villes , Sols pour livres, tous ces Droits sont abonnés ; & c'en encore là un avantage des Pays d'Etats. Le Roi trouve le secours qu'il demande , sans que les Peuples soient surchargés d'une régie plus coûteuse que l'Impôt même.

LES ÉTATS ne parlent pas des Droits des Fermes qui ne font pas entre leurs mains; mais fur lefquels ils ne croient point déplaire à Sa Majefté, en lui repréfentant que la fin du Bail qui approche, feroit un moment favorable, foit pour convertir une partie de ces Droits en Droits moins onéreux, foit pour en rendre la perception plus fimple, moins épineufe, moins furchargée de frais & de peines, & moins fuivie de ces difcuffions, de ces procès, de ces amendes qui troublent le repos du Contribuable, & lui rendent infuportables des facrifices qu'il ne regretteroit pas s'ils étoient faits pour fon Souverain.

LES ETATS ne cefferont d'offrir à Sa Majefté leurs fecours & leurs foins pour cet objet important; leur idée n'eft certainement pas que les Revenus Royaux fouffrent aucune diminution. Eh! quand les Peuples peuvent-ils avoir plus de défir de les accroître, que dans un moment où le Prince, obligé d'employer toutes fes forces, ménage avec tant d'attention celles de fes Sujets?

MAIS , fi le Tréfor-Royal peut ne rien perdre de fes reffources , & que celles du Peuple puiffent être augmentées ; fi la même fomme peut être procurée à moins de frais , & avec des gênes moins répétées & moins continuelles ; fi l'acceffoire de l'Impôt peut être détruit , & la perception en être plus facile & plus économique , quelle réforme pourroit être plus glorieufe pour le Roi ; & s'il eft permis aux Etats de la lui indiquer , ils regarderont toujours comme le premier de leurs devoirs , d'y concourir en tout ce qui fera en leur pouvoir.

A l'occafion des Fermes , le Etats doivent inftruire le Roi qu'il eft établi fur les Bateaux de fel qui remontent le Rhône , un Droit appellé de Petit-Blanc, payé par les Fermiers-Généraux , & employé par les Tréforiers de France de Montpellier à l'entretien du Pont du St. Efprit. Ce Droit , fur la demande des Etats , a été porté au double pour l'entretien des Chauffées du Rhône , qui en excédent communément le produit ; ce doublement fe porte à environ douze à quinze mille livres, & par conféquent le droit en lui-même à vingt-quatre ou trente mille livres; & pour ce modique Droit, il y a trois Offices de Receveur : on peut juger s'ils peuvent être néceffaires, & ne font pas eux-mêmes charge véritable.

POUR ne rien omettre de ce qui regarde les Impofitions, les Etats rendront encore compte au Roi de celles que quelques Communautés perçoivent fous le nom de Subvention ou d'Octrois.

CES Droits portent fur certains objets de confommation; ils font deftinés à des dépenfes extraordinaires. Les Etats font extrêmement réfervés à permettre ces Subventions, pour lefquelles leur confentement eft néceffaire; & il ne s'en établit prefque plus de nouvelles. Ils craignent qu'elles ne foient plus coûteufes que l'Impofition directe ; qu'elles ne donnent occafion à des dépenfes que les Communautés fe réfuferoient, fi elle ne s'aveugloient pas fur l'effet réel, quoique moins

fenfible , qui en réfulte ; qu'enfin , elles ne
foient injuftes , lorfqu'elles portent fur des
denrées étrangeres aux Communautés qui les
obtiennent. Mais quand l'ufage des Subventions feroit utile & économique , les Etats
feroient encore détournés de l'admettre , par
l'abus qu'on en a fait dans les derniers temps :
elles repréfentent une Impofition volontaire,
demandée par les Peuples pour leur propre
bien ; & comme fi une Impofition de cette
efpece pouvoit jamais devenir une Impofition
forcée , on l'a affujettie aux fols pour livre.

LES ETATS s'en font chargés en corps
pour le bien des Communautés , & ils n'en
réclament pas ; mais ils prennent la liberté
d'en inftruire Sa Majefté , pour lui faire com-
prendre combien ce qu'on appelloit autrefois
l'Art de la Finance , entraîne des dangers.
L'Impôt mal affis, en tarit la fource ; demandé fous des faux prétextes , il détruit
la confiance. Sa Majefté fait maintenant l'heureufe expérience de la méthode oppofée ;
& Elle éprouvera toujours que l'amour

des

des Peuples eft une plus grande reffource que les chicanes & les artifices d'une finance infidieufe.

LES ETATS efperent n'avoir rien omis fur ce premier article; il préfente fans-doute une reforme défirable fur plufieurs objets, mais cette reforme n'eft pas uniquement en leur pouvoir, & ils efperent que le Roi n'a aucun doute fur leur empreffément à entrer dans les vues que fa Sageffe croira devoir préférer.

SECONDE PARTIE.

Frais d'Adminiftration.

LES ETATS commenceront cet article par convenir qu'il feroit poffible de former une Adminiftration Provinciale fur des principes plus économiques que ceux fur lefquels les Etats de Languedoc font établis; mais il ne faut pas juger d'une Adminiftration for-

D

mée , comme d'une Adminiſtration naiſſante ,
& il peut y avoir dans l'une des raiſons de
juſtice & de convenance , que les commen-
cements de l'autre , ne peuvent offrir.

PAR exemple , on peut ſuppoſer que dans
une Adminiſtration naiſſante , les Députés
qu'on y appelle ne reçoivent rien pour leur
préſence ; mais en admettant que les premiers effets du zèle ne céderont pas un jour
à la néceſſité , & qu'il n'y ait pas d'inconvénient à exclure tous ceux qui auroient beſoin
de rétribution , ou à les admettre ſans leur
en accorder, n'eſt-il pas évident que lorſque
des Baronnies ont obtenu par les laps du
temps une valeur réelle , & qui a toujours
influé dans les acquiſitions & dans les parta-
ges , la penſion qui forme cette valeur , ne
pourroit être retranchée ſans donner une véritable atteinte à la propriété ; & tel eſt le
cas des Baronnies de Languedoc , acquiſes
à prix d'argent , à raiſon de la penſion qui
leur eſt attachée ; cette penſion eſt devenue
partie du patrimoine de ceux qui les poſſé-

dent, & ne pourroit leur être enlevée fans injuſtice.

C'EST ce que fut obligé de reconnoître le Miniſtre, qui, entraîné par fon éloignement pour tout privilege, détermina en 1750 le feu Roi à fufpendre les Affemblées du Languedoc. Il n'ofa toucher à ces penſions ; & en 1754, elles parurent ſi facrées, que l'on rétablit les montres des Envoyés de la Nobleſſe, parce qu'il n'étoit pas juſte qu'elles fuſſent fupportées par les Barons.

IL n'en eſt pas de même des Evêques. Heureux de prouver au Roi leur zèle, & d'être utiles au Peuple ; ils feroient recompenfés par leurs fonctions, quand ils ne le feroient pas par le Siége qu'ils occupent. Ils prefferent le feu Roi en 1752, de ne pas avoir égard à l'ufage qui les affimiloit aux Barons. Ils ne voulurent pas en 1754 que leurs Grands-Vicaires fuſſent rétablis dans les droits réclamés pour les Envoyés de la Nobleſſe ; & ſi la foible penſion qu'ils reçoivent, peut produire une utile économie, ils remercieront

D ij

le Roi de vouloir bien en accepter la remife, fans même croire lui faire un facrifice.

LES ETATS n'en peuvent dire autant des Députés des Villes ; & c'eft cette claffe intéreffante qu'il paroît impoffible d'appeller fans lui accorder aucune rétribution.

COMMENT, en effet, obliger d'honnêtes Citoyens, mais peu aifés, à quitter leur foyer, à fe tranfporter, quelques-uns jufqu'à foixante lieues de leur domicile, fans être au moins indemnifés des frais de voyage & de l'abfence ? Et quelle eft la fomme qui leur eft accordée ? Quatre montres dont chacune, eft de cent cinquante livres & la totalité de fix cents livres ; ce qui pour chacun fait neuf cents trente livres avec ce que leur donnent les Diocefes à titre de journées. Si les Etats ne leur accordoient pas cette remife, les Communautés feroient obligées de venir à leurs fecours, & ce qu'elles leur donneroient, feroit peut-être plus confidérable en lui-même, plus onéreux pour elles, & moins honorable pour ceux qui les recevroient.

CES petits émoluments, & fur-tout l'entrée aux Etats à laquelle ils font attachés.,
donnent un nouveau relief à l'Adminiftration
des Villes. Il en réfulte qu'elle eft confiée aux
Citoyens les plus diftingués, & cette bonne
compofition des Officiers - Municipaux, eft
certainement un grand avantage dans une
Province.

C'EST fur le produit de ces penfions &
de ces montres, que fut offert au feu Roi
le Vaiffeau qui vient de porter dans les Mers
éloignées la gloire du Nom François. Jamais
elles ne parurent fi précieufes qu'à cette époque honorable; & les Etats fe croient d'autant plus permis de la rappeller aujourd'hui,
qu'à l'exception de leur Préfident, qui eut
alors le bonheur de donner le premier fa
voix & d'une vingtaine de Députés qui affif-
tent encore aux Affemblées, les autres ne
peuvent fe glorifier que du même zèle, qui,
dans les mêmes circonftances, produiroit les
mêmes effets.

LES montres des Députés des Villes, for-

ment un objet de quarante-quatre mille livres
dans la fomme de deux cents mille livres,
à laquelle l'Arrêt du Confeil de 1752 qu'on
ne peut accufer de ménagement, réduifit la
dépenfe des Etats; elle montoit auparavant
à la fomme de deux cents foixante mille
livres ; depuis elle a été augmentée de vingt-
deux mille livres, indépendamment des montres des Envoyés de la Nobleffe.

Si on ajoute à ces quarante-quatre mille
livres les fommes attribuées aux Syndics,
qui, à raifon de l'importance de leurs Charges, & de la maniere dont ils les rempliffent,
ne peuvent paroître exceffives ; les gages mo-
diques des Greffiers, & ce qui eft accordé
aux uns & aux autres pour les frais de leurs
Bureaux, ce que les Etats doivent donner
en vertu de cet Arrét, à des perfonnes étrangeres à la Province ; enfin, les frais de la
députation fixés par le même Arrêt, on verra
que les autres frais fe trouvent bornés à peu
près à foixante-dix mille livres.

Il faut encore diftraire de cette fomme

celle de treize mille trois cents trente-cinq
livres quatre fols , que les Etats font dans
l'ufage d'accorder aux maifons Religieufes ,
de Charité , Hôpitaux , ou à des Pauvres
honteux , & qui ne peut être regardée comme frais d'Adminiftration.

LE refte ne préfenteroit point une modération qui fût de quelque prix. Que produiroit , par exemple , le retranchement d'une
Mufique qui coûte trois mille livres , &
donne de la folemnité à la Meffe des Etats ;
d'une Garde de Maréchauffée qui coûte feize
cents cinquante-deux livres & qui en certaines
occafions , écarte le trouble & l'affluence ; la
diminution de la Buvette , qui ne coûte que
onze cents trente-deux livres ; des Cierges de
la Proceffion dont on ne fait mention que
parce que les autres articles font de la même
importance. Toutes ces modérations , & autres femblables , font rigoureufement poffi-
bles ; mais , n'y a-t-il pas une pompe néceffaire dans l'Affemblée d'une grande Province?
N'y a-t-il pas un appareil extérieur qui fait

impreſſion ſur le Peuple , & qui le ſatisfait
dans ſes Repréſentants ? Veut-on qu'une Aſ-
ſemblée puiſſe porter dans les détails de cette
eſpece le même genre d'économie qu'un Particulier ? Celui-ci trouve un bénéfice dans la
régie des plus petits objets ; une Aſſem-
blée n'en trouve que dans des forfaits , qui,
quoique plus chers en apparence , ſont dans
la réalité moins coûteux, parce qu'ils ſont
moins ſujets à erreur.

IL n'y a certainement pas de Magnificence
dans la Salle meſquine où les Etats tiennent
leurs Séances ; il n'y en a pas dans la maniere
dont elle eſt ornée ; il n'y en a pas dans
leurs Cérémonies extérieures, qui ſe bornent
à une Proceſſion ſolemnelle trois jours après
l'Ouverture ; ils diront donc avec confiance,
qu'ils ne voient point de réduction convenable
& intéreſſante ſur aucun article de cette dépenſe ; & ils ajouteront que, quoique tout
ſoit augmenté depuis l'année à laquelle ces
dépenſes ont été fixées par un Arrêt du
Conſeil, elles ne ſe ſont point accrues ;

de

de forte que s'il y avoit eu de l'excès (ce qui eft difficile à fuppofer, en fe rappellant les circonftances de cette époque) le temps l'auroit corrigé, & l'économie feule auroit empêché l'augmentation que tous les autres objets de dépenfe auroient éprouvé.

ON pourroit peut-être regarder les frais de la Députation comme exceffifs, & dire que c'eft trop dépenfer que d'accorder huit mille livres à l'Evêque, autant au Baron, & au-tant aux deux Députés du Tiers.

DANS un temps où toutes les demandes des États effuyoient les plus vives contradic-tions, on a cependant penfé que, vu la diftance des Lieux, quatre mille livres ne font pas exorbitantes pour chaque Député du Tiers, & on aura donné le double aux Députés des deux autres Ordres, parce que dans les Corps, les dépenfes fe réglent ordi-nairement fuivant la dignité des Perfonnes, & non fuivant leurs befoins.

IL a été remarqué que dans les deux cents mille livres fixées par l'Arrêt du Confeil de

E

1752, il y a une partie affectée à des Perfonnes étrangeres à la Province. On peut
placer dans la même claffe ce qu'il en coûte
chaque année pour le Logement des Com-
mandants & Officiers employés ; les Etats
font dans l'ufage conftant de payer ces Logements, & c'eft un avantage pour les Communautés, qui en font difpenfées ; ils ne réclament point contre ce paiement en lui-même, mais ils ne favent fi cette facilité n'a
pas donné lieu à multiplier les Logements
au-delà du befoin.

DANS le dernier fiecle, on établit dans
les Cévénes un nombre de petits Comman-
déments, dont le Logement eft la feule rétribution. Tout d'un coup ils ont été augmen-
tés par M. le Comte d'Eu, & fans qu'on en
ait connu la néceffité : en voyant la lifte de
tous ces Logements, on y remarque le nom
des Perfonnes qui ne mettent fûrement pas le
pied dans la Province ; le total en monte à
plus de quatre-vingt-dix-fept mille livres. Si
Sa Majefté s'en fait repréfenter le détail,

peut-être y trouvera-t-Elle , au moins pour la
fuite , des retranchements utiles. Les Etats ne
regretteront jamais ce qui tourne au profit du
Tréfor-Royal & au bien de la Province. Mais
pourquoi feroit-on facile à leur impofer des
charges que le département même dont elles
dépendent , ne voudroit pas fupporter , s'il
étoit obligé d'y fatisfaire ? Les forces du Peuple
ne doivent-elles pas être ménagées ; & ce
qu'on lui fait payer fans motif , n'eft-il pas
perdu pour les temps difficiles , où l'on peut
avoir befoin de fecours extraordinaires ?

LES ETATS n'envifageront pas fous le même point de vue , ce qu'ils font dans l'ufage
de remettre au Gouverneur de la Province ,
aux Lieutenants-Généraux , à plufieurs Com-
mandants qui y font employés , & particulierement à ce qui eft attribué au Commandant en
Chef , & à l'Intendant ; ils ne croiront jamais
acquitter affez la Province de ce qu'elle doit aux
deux derniers ; & ils fentent qu'ils acquittent le
Roi de ce qu'il feroit tenu de donner aux autres.
Les Etats ajouteront même , que s'il y avoit quel-

que modération à faire, elle ne pourroit tomber
fur les Places qui exigent une réfidence, une
activité, une repréfentation, & de grandes
dépenfes qui en font une fuite néceffaire ;
mais quelque jufte que puiffe être la diftribution de ces fommes, les Etats ne peuvent
s'empêcher de remarquer qu'elles excédent
deux cents mille livres ; & fi on y ajoute les
quatre-vingt-dix-fept mille livres des Logements, & plus de trente mille livres compris dans les deux cents mille livres de l'Arrêt de 1752, il fera aifé d'en conclure que
les frais d'Adminiftration étrangers à la Province, font infiniment fupérieurs à ceux qui
lui font perfonnels.

IL eft encore une dépenfe dont les Etats
font chargés, & qui quelquefois fe porte à
des fommes confidérables ; celle des Etapes.
Il n'eft pas au pouvoir des Etats de la modérer ou de l'accroître : elle dépend de la
réfidence des mouvements des Troupes, fur
lefquels il n'ont rien à ordonner. Tout ce
qui les concerne, c'eft que le Service foit

fait avec exactitude , fans furcharge pour les
Peuples , & de la maniere la plus économique. Ils ont lieu de croire que la méthode
qu'ils ont fuivie de rendre cette Affaire com-
mune , & de venir ainfi au fecours de l'Ha-
bitant , par une Entreprife générale , mérite
la préférence , puifque dans ces derniers temps ,
le Gouvernement paroît l'avoir adoptée pour
le refte du Royaume.

LES Etapes font données à la moinſdite ,
& les foins que les Etats ont pris , notamment cette année , pour ne pas recevoir la
loi des Entrepreneurs , eft une preuve qu'ils
n'ont jamais ceffé d'être animés des vues que
Sa Majefté défire fortifier en eux ; & que s'ils
font trompés quelquefois , c'eft qu'il n'eft
pas poffible aux Adminiftrations les plus atten-
tives , d'être à l'abri de toute furprife.

LA dépenfe des Etapes accroît ou diminue , comme on l'a dit , fuivant la réfidence
& le nombre des Troupes. Les Etats ne fe
plaindront pas du nombre de celles qui réfi-
dent ; ils ont pour principe (comme on le

voit dans plusieurs articles de ce Mémoire)
qu'une dépense ne doit pas être regrettée,
lorsqu'elle produit plus qu'elle ne coûte, &
tel est l'effet nécessaire d'une grande consom-
mation ; mais ils ne peuvent s'empêcher de
désirer que les mouvements intérieurs ne
soient pas multipliés sans nécessité ; & que
l'Infanterie, plus utile par le nombre & par
sa forme, soit plutôt placée dans la Province,
que la Cavalerie pour laquelle il y a peu de
Quartiers vraiement convenables, soit pour
la nourriture des Chevaux, soit pour le Service.

ON doit mettre dans les frais d'Administration, ce que la Province supporte pour la
Mendicité. Quand le premier établissement a
été formé, le Etats s'y sont prêtés avec zèle,
& la dépense a excédé ce qui leur avoit été
demandé. Ils ne regretteroient ni cet excédent, ni la somme à laquelle il a été réduit,
s'il en résultoit quelqu'avantage ; mais il n'y
a personne qui n'atteste à Sa Majesté, que le
même nombre de Mendiants subsiste dans la

Province ; qu'ainfi, tout ce qu'on fait depuis dix ans, n'a produit aucun effet. Les Etats ont eu l'honneur de le repréfenter plufieurs fois, il vient de leur être répondu que l'on écouteroit volontiers les moyens qu'ils propoferoient ; mais parce que le Gouvernement eft incertain de ce qu'il doit faire fur cet important objet, parce que les Etats le font peut-être eux-mêmes fur ce qu'ils doivent indiquer, parce que la matiere eft plus étendue qu'on ne croit, & a befoin d'être, pour ainfi dire, reprife par deffous-œuvre, & traitée d'après des principes plus réfléchis ; l'inutilité des moyens employés eft - elle moins conftatée ? Et quand on penfe que des effais coûtent au Languedoc déjà plus de fix cents mille livres, & que de ces fix cents mille livres, les deux tiers n'ont pas ceffé d'être dépenfés depuis que ces effais font conftatés inutiles ; quand on penfe à ce que le même objet a pu coûter à proportion dans les autres Provinces, c'eft alors vraiment que le mérite d'une fage économie fe fait sentir. Il ne faudroit peut-être pour tarir la source de la Mendicité, que les sommes qui n'ont servi jusqu'ici, qu'à la pallier, & quelques Personnes oseroient même dire, à l'entretenir.

LES ÉTATS viennent de parcourir plusieurs frais d'Administration, qu'il n'est pas en leur pouvoir de modérer. Il leur reste à parler de ce qui regarde les encouragements.

S'ILS sont généralement utiles, ils sont particulierement nécessaires en Languedoc.

IL n'en faut pas juger comme des Provinces voisines de la Capitale. Les connoissances dont jouit cette Ville immense, refluent avec facilité dans ces Provinces; son voisinage y excite l'industrie & les talents, & tout y est mis à profit, parce que par tout ce profit est proportionné aux avances.

DANS les Provinces éloignées au contraire, les progrès de la Capitale sont perdus, elle ne leur rend pas ce qu'elle en reçoit, & elle les appauvrit au lieu de les enrichir.

IL faut donc qu'elles trouvent en elles-
mêmes

mêmes leur force & leur appui; & les États ofent affurer Sa Majefté, que fi le Languedoc n'avoit pas trouvé l'un & l'autre dans leur Adminiftration, on n'y verroit que mifere & découragement.

IL n'offre pas de ces plaines vaftes & fer-tiles., dont les productions affurées laiffent dormir en repos le Laboureur qui les cultive; un tiers du Languedoc peut à peine produire des bleds, & le refte confifte en montagnes, fouvent incultes, ou qui ne font cultivées que par les foins de la plus induftrieufe activité.

LES récoltes font variées, mais fujettes à tant d'accidents, que les efpérances y font continuellement fruftrées. La beauté du climat eft un danger par les orages qu'il entraîne; le voifinage de la Mer, par le vent défaftreux qu'il amène; les rivieres même, parce qu'elles font prefque toutes des torrents qui portent plutôt la ruine que la fécondité.

SITUÉ d'ailleurs au milieu de deux Provinces plus voifines des grands débouchés, affervi par fa pofition à Marfeille & à Bor-

F

deaux , il auroit à peine , fans le Canal-Royal,
le moyen de fe défaire de fes denrées ; & fans
les foins des États , on y verroit ni Manufactures ni Commerce.

CE font fes foins , & les encouragements
qui en ont été la fuite , qui ont procuré à
cette Province ce Commerce des Draps du
Levant enlevé à l'induftrie angloife , & qui ne
connoît plus d'ennemis que les gênes intérieures qu'on lui oppofe.

C'EST par les mêmes encouragements,
que s'eft élevée cette multitude de mûriers
dans un Pays où il a fallu leur former un
terrein , & porter à bras d'homme , fur des
pics efcarpés , le fol fur lequel ils doivent
naître.

FILATURE des laines, & perfection de
toutes efpeces d'étoffes auxquelles elles font
propres ; filature de foie , & machines
pour enlever au Piémont la fupériorité de
fon organfin , & à l'Angleterre celle de fes
moires ; fabriques de coton & teinture , avec
ce beau rouge fi peu connu & fi néceffaire ;

exploitation des Mines de charbon de terre , que la rareté du bois rend fi précieux ; emploi de ce minéral aux verreries , aux eaux-de-vie , aux huiles, au dévidage des foies , & bientôt à la fabrication du fer , fi les fuccès répondent aux premieres efpérances : découverte de Mines de couperofe , qu'on alloit jufqu'ici acheter chez l'Etranger ; effais heureux fur l'acier , le cuivre , le plomb & l'argent même , qui , renouvellant des travaux abandonnés depuis les Romains , n'attendent que quelques fuccès de plus pour être fuivis avec la plus grande activité : productions variées de toute efpece de la nature & de l'art. Tout ce qui fait la richeffe d'une Province & le bonheur des Habitants , a été l'objet de l'attention des Etats.

AUSSI oferont-ils dire à Sa Majefté , que le moment de leur Affemblée offre un fpectacle intéreffant par l'empreffement avec lequel chaque Citoyen vient leur faire part de fes découvertes & de fes projets. Il n'y a prefque point d'année où quelque objet utile

né foit propofé, & cette émulation qui régne
dans toutes les parties, cette heureufe fer-
mentation qui donne l'effor au génie, &
l'empêche de refter enfoui, ce concours général de vues & d'intérêts particuliers d'où
réfulte l'intérêt public, eft l'effet de l'attention des Etats à ne rien négliger de ce qui
peut être utile, à protéger tout ce qui doit
l'être, à ne pas regretter de légeres fommes
qui peuvent amener de grands profits, & à
ne pas regarder même comme donnée au
hazard, une récompenfe qui n'auroit d'effet
que d'encourager les talents.

CES encouragements montoient autrefois
à des fommes confidérables. Le Commerce
des draps recevoit en particulier de grandes
gratifications, & on ne doit pas le regretter ;
mais les Etats fentirent de bonne heure qu'elles
devoient avoir des bornes ; ils le repréfente-
rent plufieurs fois fans être écoutés, & ne le
perfuaderent qu'en 1757, elles montoient
alors à quatre-vingt-cinq mille livres ; & ce
qui prouve que les fpéculations économiques

des Etats étoient juftes ; c'eft qu'elles fe porte-
roient à deux cents cinquante-huit mille livres.

. ACTUELLEMENT ce Commerce ne coûte
plus à la Province que trente-cinq mille quatre
cents livres accordés aux Propriétaires des
Manufactures Royales. Pour entendre cette
dette , il faut favoir que lorfqu'on voulut établir le Commerce du Levant , douze Manufactures furent conftruites , & on affura à ceux
qui les éleverent , une fomme annuelle qui
les dédommagea de la dépenfe , & leur fervit
de loyer. C'eft cette fomme qui , devenue un
patrimoine des Propriétaires de ces Manufactures , leur eft payée fidélement , conformé-
ment aux premieres conventions.

IL feroit fans doute poffible de s'en libérer ;
mais ce ne peut être que de gré-à-gré , & en dé-
dommageant les Propriétaires qui la reçoivent.

APRÉS ce qu'on dit de la Magnificence
des Etats , & ce qui vient d'être expofé des
foins qu'ils fe donnent pour exciter l'Induftrie,
Sa Majefté fera peut-être étonnée de favoir
que les fommes annuelles employées à cer

objet, & qui montoient autrefois à plus de deux cents mille livres, ne vont pas à-préfent, en y comprenant les gages des Infpecteurs des Manufactures, à cinquante mille livres par an.

C'EST que les Etats font perfuadés que fi les encouragements font néceffaires, ils doivent être diftribués avec une grande difcrétion ; que leur profufion feroit nuifible, & deviendroit quelquefois un privilege injufte ; que pour que le Public en donne, il faut qu'ils lui foient profitables ; & qu'enfin, le mérite en cette matiere, eft de ménager l'intérêt particulier, fans ceffer de s'en défier, de l'abandonner à fes forces lorfqu'elles peuvent lui fuffire, & de ne lui prêter que celles qu'il ne pourroit trouver en lui-même.

C'EST ainfi que dans cette Affemblée ils ont refufé des gratifications à un Citoyen induftrieux (*), qui fe propofe de multiplier les foies blanches, qu'on appelle de Nanquin :

_____

(*) *Le Sieur Sylvain de la Bitarelle.*

cette découverte pourra fans doute concentrer dans le Royaume plufieurs millions, que le befoin de ces foies portoit à la Chine ; mais la découverte n'eft pas entierement nouvelle, & elle fera utile à celui qui l'a préfentée : il a fuffi aux Etats de l'avoir excitée, fans qu'ils foient obligés d'y joindre aucun encouragement.

ILS font au contraire difpofés à aider les Manufactures de Papier établies à Annonay, pour qu'elles puiffent fe procurer des cylindres qui les faffent atteindre à la perfection hollandoife. Le premier établiffement de ces cylindres demande des frais que le fecond n'aura pas à éprouver ; & celui qui commence, doit être indemnifé par le Public de cette différence.

EN général, les Etats n'accordent autant qu'il eft poffible, des gratifications qu'aux chofes faites ; & cette méthode les met à l'abri de bien de furprifes : c'eft ainfi qu'ils allient l'économie avec les encouragements. Une Province, comme un Particulier, n'eft pas ruiné par l'argent qu'elle dépenfe , mais par celui qu'elle diffipe. Les Etats ne calculent pas ce qu'ils donnent , mais ce qui en réfulte ; & la modicité des fecours qu'ils accordent , comparée à la grandeur des effets qu'ils ont produits , leur fait efpérer d'avoir à-peu-près atteint le jufte milieu que toute Adminiftration fage doit fe propofer en cette matiere.

LES ETATS donnent encore des encouragements, peut-être trop bornés , aux Sciences & aux Arts. Tout languit dans les Provinces éloignées de la Capitale ; fi elles font abandonnées à elles-mêmes, elles fourniffent & ne reçoivent pas. Il faut donc qu'une Adminiftration vigilante foit fans ceffe occupée à réparer leurs pertes ; & c'eft à cette intention que les Etats ont accordé mille livres au Collége de Soreze , pour y foutenir l'émulation par une diftribution de Prix folemnelle ; mille livres à chaque Académie des Sciences de Touloufe & de Montpellier ; deux mille à l'Académie des Arts de Touloufe ; & enfin,

enfin , mille livres cette année à celle du même genre que des Citoyens refpectables viennent de lever à Montpellier. En travaillant
pour la Province , les Etats travaillent pour
tout le Royaume , & fur tout pour les parties méridionales ; & ils ofent croire que fi ,
fur cet article , ils ont quelque reproche à
effuyer , c'eft de n'en avoir pas fait affez. Ils
connoiffent bien ce qui manque encore au
Languedoc ; la Minéralogie , la Phyfique
expérimentale y font en particulier comme
inconnues ; mais ils croient que le bien doit
s'opérer infenfiblement , & ils faifiront les
circonftances favorables pour former les éta-
bliffements utiles auxquels ils n'ont encore pu
parvenir.

LES ETATS ne parlent pas de ces bruits
populaires d'une fomme de cent mille livres
diftribuée tous les ans par leur Préfident , &
d'autres dépenfes de ce genre. Sa Majefté fait
bien ce qu'on doit croire de ces fables ,
dont on ne peut concevoir l'origine ; toute
dépenfe eft portée fur un état autorifé par

G

les Commiffaires de Sa Majefté , & il ne peut y avoir rien de fufpeƈt ou d'obfcur.

CELLES que fupportent les Diocefes pour leur Adminiftration particuliere , font peu confidérables : un fonds médiocre eft affigné aux dépenfes imprévues ; les autres ne peuvent avoir lieu fans l'autorifation des Etats & celle du Confeil ; les plus fortes font celles des chemins dont il fera parlé.

LES Communautés ont auffi un fonds pour les dépenfes imprévues dont elles doivent rendre compte. Les dépenfes fixes font déterminées par une Commiffion qui fubfifte depuis 1734 ; l'ordre eft tel dans cette partie d'Adminiftration , qu'à tous les inftants il eft facile de connoître la fituation de chaque Communauté , & les Etats ne favent point fi un pareil ordre fubfifte dans aucune autre Province ; de forte que fi fur cet objet , comme fur tous les autres , ils ne font pas encore parvenus à la plus parfaite économie , ils ont au moins établi l'ordre qui en eft le principe & le garant.

ILS ne diffimuleront pas cependant qu'on peut leur reprocher de laiffer fans fonds d'amortiffement des dettes contractées par leurs peres. Ils ont dans ces derniers temps éloigné autant qu'il eft poffible cette méthode des Emprunts, & fut-tout des Emprunts fans rembourfement ; mais ils en ont trouvé de confidérables , & ils avoueront qu'il manque à leur Adminiftration de ne les avoir pas encore amortis ; ils ne défefperent pas d'y parvenir ; & lorfqu'ils pourront établir une caiffe d'amortiffement pour ces dettes anciennes , ils croiront rendre un véritable fervice à la Province , & en même temps à Sa Majefté. Libérer fes Sujets , c'eft les mettre en état de lui donner plus de preuves de leur zèle & de leur amour.

TROISIEME PARTIE.
Ouvrages-Publics.

C'EST peut-être dans les Travaux-Publics qu'éclate le plus ce qu'on aime à appeller la

Magnificence du Languedoc ; & effectivement lorſque des chemins durs , raboteux ,
& mal entretenus du Dauphiné , du Quercy,
& de la Généralité de Bordeaux, on paſſe
ſur les routes unies , faciles & praticables en
tout temps du Languedoc ; lorſqu'on penſe
que ces utiles communications commencent à
s'étendre dans les parties les plus reculées ;
lorſqu'on voit les mêmes ſoins ſe porter ſur
les Ports , ſur les Canaux & les Rivieres , &
ſur toute eſpece d'Ouvrages-Publics ; lorſqu'on
fait que les ſommes employées pour ces divers objets , montent à près de deux millions
chaque année , on eſt tenté de croire que le
Languedoc eſt la Province la plus opulente du
Royaume , & la moins ménagere ſur ſes
dépenſes.

MAIS ſi on vouloit conſidérer l'étendue
d'une Province qui a deux mille huit cents
Communautés , & dix-huit cents mille Habitants ; ſi on vouloit penſer que tout travail
contraint y eſt proſcrit , & que tout s'y
fait à prix d'argent ; ſi on vouloit mettre à

part les Ports & les Canaux dont aucune autre
Province n'a, comme le Languedoc, à fupporter les frais ; & fi enfuite on vouloit mettre
en balance le montant des diverfes Impofitions
de chaque Généralité, & ce que la caiffe
des Ponts & Chauffées leur fournit, tandis
que le Languedoc ne reçoit des fecours que
de lui-même (*a*) ; fi on y ajoutoit le prix des

(a) *Ce n'eft pas que le Roi ne paroiffe*
quelquefois aider la Province dans fes grandes
entreprifes.

Par exemple, il lui a accordé cent cin-
quante mille livres pour le Canal de Beau-
caire à Aiguefmortes ; cinquante mille livres
pour les ouvrages de la Garonne ; trente mille
livres par an, pour les ouvrages de la ri-
viere d'Aude ; foixante mille livres une fois
payées pour le Pont de Lavaur, & plufieurs
autres femblables fecours ; mais les cent cin-
quante mille livres données pour le Canal
de Beaucaire, & les cinquante mille livres

corvées , qui , pour n'être pas foldées en argent , ne font pas moins une dépenfe réelle ,
& celui des terrains , qui , payés en Languedoc , font ailleurs gratuitement enlevés
aux Propriétaires ; fi on pouvoit calculer la
dépenfe ineftimable qui réfulte pour le Culti-
vateur & le Manouvrier de ces mêmes corvées , fouvent exigées dans un temps où leur
travail leur eft le plus précieux ; enfin , fi
on vouloit réfléchir que dans la plupart des

*pour la Garonne , font pris fur une Crue de
Sél demandée à la Province , & qui produit fix
cents mille livres , & cette Crue avoit été
demandée pour abolir les Péages , & principalement ceux du Rhône.*

*Les autres fommes font prifes fur les fonds
deftinés aux indemnités ; ces indemnités le
font elles-mêmes fur les Impofitions de la
Province ; de forte qu'on a raifon de dire
qu'elle ne reçoit dans la réalité , aucun fecours
que d'elle-même.*

Généralités , les communications fe bornent aux lignes des Poftes , tandis que les chemins intérieurs y font impraticables , les Etats ofent croire que non-feulement la préférence feroit pour leur Adminiftration , mais même que la dépenfe y eft moindre en proportion des ouvrages (b). Quant à la maniere dont les ou-

(b) *Un fimple calcul peut le démontrer en ne fortant pas du Languedoc.*

Si fur dix-huit Habitants on en fuppofé un corvéable , on en auroit cent mille en Languedoc , ce qui ne feroit pas quarante par Communauté ; fi on employoit ces cor-véables comme dans les autres Généralités , on exigeroit d'eux au moins fix journées par chaque faifon , ce qui feroit par an douze cents mille journées de corvéables ; fi on efti-moit ces journées à vingt fols, comme elles fe paient , l'une portant l'autre , en Langue-doc , le prix de ces journées feroit de douze cents mille livres ; & fi on y joignoit celui

vrages fe font dans la Province, les Etats prennent la liberté de joindre à ce Mémoire leur Réglement qu'ils ont tâché de perfection-ner, & que le Confeil a autorifé.

ON y verra, ainfi que dans les diverfes Délibérations confignées dans les Procès-Verbaux, que nul ouvrage n'eft entrepris qu'a-près avoir été préparé prefque toujours pen-dant plufieurs années, par un long & pé-nible examen, par des difcuffions & des vérifications fans nombre, & tous les moyens

des Voitures, on fent combien cette fomme de douze cents mille livres feroit accrue alors; on n'impoferoit pas deux millions, mais on en dépenferoit davantage, & les Chemins fe-roient moins multipliés, & fur tout moins entretenus; l'entretien exige un foin conti-nuel; le travail des corvées ne fe fait que deux fois par an, elles réparent, mais elles n'entretiennent pas, & l'économie confifte à rendre par l'entretien les réparations inutiles.

moyens qui doivent faire efperer qu'on ne peut être trompé ni fur l'utilité, ni fur la dépenfe.

ON y verra que tout fe fait par Adjudication & à la moinfdite, & que fi la néceffité oblige quelquefois, & pour des objets de peu d'importance de s'écarter de cette marche, le Réglement & la pratique y rappellent toujours, parce qu'il n'y en a pas de plus fûre & de plus exacte pour les grandes Adminiftrations.

ON y verra que la forme de ces Adjudications ne permet jamais aux Entrepreneurs de demander à compter de Clerc à Maître, ou de réclamer des indemnités. Les Etats favent qu'une forme contraire eft ufitée dans les Ponts & Chauffées ; mais fi ce qu'on affure eft vrai que le Pont de Marffac a été adjugé pour cent quatre-vingt-fept mille livres, & que les Entrepreneurs en demandent cent trente mille de plus, ils oferont croire que leur méthode eft préférable, & que des marchés précis, font le principe d'économie le plus certain.

ON y verra que les plus petits ouvrages

H

ne peuvent être entrepris sans être autorisés par les Etats : que dans l'intervalle des Assemblées, des Commissions composées des Membres des Trois Ordres, veillent tellement à l'exécution des projets arrêtés, que le plus leger changement ne peut être fait par les Directeurs, sans leur être communiqué.

ON y verra que chaque ouvrage a son fonds qui lui est affecté, & dont la destination ne peut être intervertie, qu'au cas où le Etats ayant jugé qu'il ne pourroit avoir lieu pendant le cours de l'année, il conviendroit de l'appliquer à un autre plus pressé, avec l'assurance d'être remplacé l'année suivante.

ON y verra sur tout, que l'entretien qui, quelque cher qu'il soit, est la plus grande économie des Ouvrages-publics, a dans ces derniers tèmps tellement attiré l'attention des Etats, qu'ils ont mieux aimé suspendre des ouvrages nécessaires, que de ne pas mettre ceux qui existoient, en état de neuf, pour être donnés à l'entretien, & n'avoir plus besoin d'autre dépense.

LES ETATS ne prétendent pas que toutes les parties de ce Réglement foient exé-
cutées auffi ponctuellement qu'ils le voudroient , ils tâchent au moins de ne s'en pas
écarter en ce qui les concerne : & fi malgré
leurs foins , quelques parties paroiffent négligées , ils prient le Particulier qui feroit tenté
de leur en faire un reproche , de réfléchir
combien dans fa propre maifon , dans les travaux qu'il entreprend , ou dans les bâtiments
qu'il conftruit , il éprouve des contradictions
& même d'infidélité ; & alors il n'a qu'à fe
demander à lui-même s'il eft jufte de reprocher à une grande Adminiftration , qui a tant
d'objets à foigner & à conduire , des inconvénients dont fon propre intérêt ne peut le
mettre à l'abri.

MAIS il ne fuffiroit pas aux Etats d'avoir
mis ainfi fous les yeux de Sa Majefté l'enfemble de leurs travaux , & de la dépenfe
qu'ils occafionnent , un plus grand détail eft
néceffaire, & il convient de confidérer en
particulier les Chemins, les Ponts & Canaux,

H ij

& enfin tous les autres ouvrages qui ne font
pas compris dans ces trois premiers.

CHEMINS.

ON ne reprochera pas aux Etats la maniere dont les Chemins fe fubdivifent en Chemins de la Province , Chemins de Sénéchauffées , & Chemins de Diocefes. Toutes
ces Adminiftrations font fubordonnées aux
Etats , mais chacune délibére fur ce qui
l'intéreffe perfonnellement ; & des dépenfes
font plus difficilement exagérées , lorfqu'elles
font demandées par ceux qui en profitent &
les fupportent.

ON ne leur reprochera pas la largeur des
Chemins , & la profufion du terrein qui en
feroit une fuite. Les Chemins de Province
ou de Pofte ont trente-fix pieds entre les
foffés , ceux des Sénéchauffées trente , ceux
des Diocefes vingt-quatre. Le Réglement
prefcrit ces dimenfions ; & l'obligation de
payer au Propriétaire le terrein qu'on lui en-
leve , en affure l'exécution.

ON ne reprochera pas non-plus aux Etats cette fureur des longs alignements, dont le même ufage de payer fuffiroit pour les garantir. Quand le terrein devient une nouvelle dépenfe, on fe tient au fimple nécef-faire.

ENFIN, on ne fera pas un crime aux Etats, du foin qu'ils prennent pour que les Chemins faits foient bien entretenus. Cet entretien eft, comme on l'a dit, la premiere de toutes les économies; & s'il eût toujours eu lieu, les Etats ne feroient pas obligés de réconftruire des Chemins faits au-trefois, & détruits parce qu'ils ont été négligés. Si cet entretien n'eft pas encore parvenu à la perfection qu'ils défirent, ils y tentent tous les jours; & plus ils en approcheront, moins le prix fera confidérable.

ON ne pourroit donc reprocher aux Etats que la multitude même de ces Chemins, à l'ouverture defquels il faut convenir que toutes les parties de la Province fe portent avec la plus grande ardeur.

PENDANT vingt ans & plus, le Gouvernement n'a cessé d'exciter les Etats à s'occuper de cette partie d'Administration, & particulierement des commiucations du second ordre, qui effectivement avoient été négligées.

TOUT d'un coup, & sans qu'on pût en deviner la cause, une invitation contraire a succédé. Ce n'étoit pas pourtant un tort aux Etats d'avoir fait avec zèle ce qui leur étoit recommandé avec instance & continuité; mais ce changement d'instruction avoit été dicté par un Ministre peu soucieux du bien public, qui croyoit que la dépense la plus nécessaire devoit être sacrifiée au plus léger accroissement du Trésor-Royal.

DES temps plus heureux ont succédé à cette époque déplorable, & les Etats sont bien persuadés que la modération qui leur est recommandée aujourd'hui, n'a en vue que le soulagement des Peuples; mais ils osent assurer Sa Majesté, que ce seroit une économie meurtriere que de vouloir en cette

partie , arrêter le zèle des diverſes Adminiſtrations de la Province. Ce zèle eſt d'abord
lui-même une preuve de l'utilité des communications qu'il multiplie ; & ſi les Adminiſ-
trateurs écoutoient toutes les demandes qui
leur ſont faites par les Contribuables , la dépenſe feroit bientôt doublée & ſupportée
ſans regret.

ET il ne faut pas croire que les Peuples
en demandant ces communications , ſoient
aveugles ſur leurs intérêts. Les grandes Lignes ſont ſans-doute la reſſource du Commerce & le bonheur de celui qui voyage ;
mais ce ſont les communications particulieres
qui rendent les grandes routes utiles.

C'EST par leur moyen que les denrées tranſ-
portables dans tous les temps acquierent
leur vraie valeur , & mettent à portée d'acquitter l'impôt.

CEST par elles que le Commerce per-
çant toutes les parties d'une Province , la
vivifie , & établit entre les Habitants le ſeul
niveau dont la Providence a permis qu'ils
fuſſent ſuſceptibles.

C'EST auffi par les travaux qu'elles exigent , que la main-d'œuvre eft foutenue ; le Manouvrier fouftrait à l'empire du riche Propriétaire, & la pauvreté plus puiffamment fecourue , que par ces Atteliers de charité établis depuis peu dans quelques Provinces , & qui ne peuvent entrer en comparaifon avec ces Atteliers conftants & perpétuels que des travaux divers & non interrompus , offrent de toutes parts dans le Languedoc. (c)

C'EST

(c) *Si en prenant des exemples hors du Languedoc , on confidere la Généralité d'Auch, & la différence de fon état actuel avec ce qu'elle étoit avant M. d'Etigny , on y verra que , fuivant l'expreffion du Pays , les louis y font plus communs que les écus ne l'étoient autrefois. Le travail des corvées y a peut-être été un peu trop précipité ; mais le bon effet de ce travail eft fi fenfible , que la mémoire de cet Intendant y eft en bénédiction , & le Tréfor Royal auroit en vain avant lui réclamé les fommes qu'il en retire.*

C'EST en partie par cette derniere raiſon, qu'au lieu de porter de fortes ſommes ſur un objet particulier, on préfére de les diviſer, pour diviſer auſſi les travaux. Le bienfait eſt alors ſenſible dans un plus grand nombre de Lieux ; l'égalité ſe ſoutient par tout dans le prix des ſalaires ; & ſi on jouit moins promp- tement, cette économie de temps eſt auſſi une économie de dépenſe. Plus on preſſe un ou- vrage, plus il eſt cher, & ſi on veut qu'il coûte moins, il faut en prenant du temps pour le finir, attendre l'Ouvrier & non l'en- hardir par trop d'empreſſément, à faire la loi.

C'EST ainſi que les Etats cherchent à con- cilier les divers intérêts dont ils ſont chargés; & ces principes ſeront encore plus connus en les appliquant aux différentes eſpeces de Chemins.

ON a dit qu'ils ſe ſubdiviſoient en Che- mins de Province, de Sénéchauſſée & de Diocéſe.

CEUX qui ſont à la charge de la Pro- vince ſont la grande Ligne, depuis le Pont

I

Saint-Efprit jufqu'à Montauban ; elle par-
court quatre-vingt-dix-fept lieues de Pofte ,
& eft divifée en trois parties fuivant les Sénéchauffées ; foixante mille livres font affectées
à celle de la Sénéchauffée de Nifmes , autant
à celle de Carcaffonne , & foixante-dix mille
livres à celle de la Sénéchauffée de Touloufe.

CES fommes font employées à entretenir
les parties mifes en état de neuf fuivant le
nouveau Réglement , & à y mettre les autres.
Cette grande Ligne qui , faute d'entretien , fe
réparoit fans s'améliorer , fera en dix ans ,
à-peu-près , & plutôt même pour quelques
parties, portée à fa perfection , & la dépenfe
fera réduite alors au feul entretien & à la
réconftruction des Ponts qui viendront à
s'ecrouler.

A cette grande Ligne , il faut ajouter dans
la Sénéchauffée de Carcaffonne le Chemin
de Narbonne en Rouffillon , auquel on
affecte. .   .   .   .   18000 livres.

CELUI de Belefta , auquel on af-
fecte. .   .   .   .   15000 livres.

CELUI de Mont-Louis , auquel on affecte. . . . . 15000 livres.

DANS la Sénéchauffée de Nifmes , celui de Nifmes à Avignon , auquel on affecte. . . . . 15000 livres.

CELUI de Montpellier à Sette , auquel la Province contribue pour . . 20000 livres.

CELUI de Beaucaire à Nifmes , & celui de Montpellier à la Verune , qui font compris dans la Ligne de la Pofte.

ET enfin , le Chemin de l'Auvergne pour lequel on impofe annuellement cinquante mille livres , indépendamment des cinquante mille livres qui font pris fur l'Equivalent.

SI on compare l'importance & la nécef-fité de plufieurs de ces Chemins, dont quel-ques-uns ont été fucceffivement recommandés aux Etats par le Gouvernement , avec le peu d'argent qui y eft enployé chaque année, on fera tenté d'accufer les Etats de n'y pas appliquer des fonds affez confidérables ; mais on a vu ci-deffus l'avantage qui réfulte de la divifion des entreprifes ; il a paru convenable

I ij

de finir la Ligne de la Poſte pour reporter
enſuite ſur les autres les fonds qu'elle laiſſe-
roit de libres.

ON voit que des plus grandes ſommes ſont
employées au Chemin d'Auvergne ; mais c'eſt
uniquement par déférence pour le Gouvernement , que les Etats ſe ſont chargés de
cette route , les Inſtructions leur recomman-
dent d'y deſtiner cent mille livres chaque
année ; de ſorte que ſi parmi tous ces Chemins il y en avoit un dont la dépenſe pût
être ſujette à modération , les Etats ſont
obligés de dire que c'eſt celui qui leur eſt
expreſſément recommandé, & qui, quoi qu'utile
en lui-même , eſt moins preſſé & doit coûter infiniment plus que tous les autres.

LES ÉTATS peuvent mettre à la ſuite du
Chemin d'Auvergne, ceux d'Alby & de Lodève. Ces deux Chemins , par une inconſé-
quence extraordinaire , ſont conduits par les
Ingénieurs des Ponts & Chauſſées , comme
l'a été pendant long-temps celui d'Auvergne ;
mais quoique conduits par ces Ingénieurs , ils

font fupportés par la Province , puifqu'on n'y emploie que le produit d'une Crue de Sel confentie par les Etats pour cette conftruction.

CETTE Crue fut établie en 1728 , & on a lieu de croire qu'elle rapporte en Languedoc cinquante à cinquante-deux mille liv. au moins.

Les Chemins qui doivent fe faire fur cette Crue , doivent avoir vingt lieues en Albigeois , & cinq environ du côté de Lodève.

DE ces vingt-cinq lieues , dix-huit font feulement paffables ; & fur ces dix-huit, une des premieres parties, refaite plufieurs fois , manque encore de plufieurs Ponts néceffaires , & eft dans un véritable état d'imperfection.

ON a cependant employé à ces Chemins le produit de cinquante mille livres pendant cinquante ans & peut-être davantage , fi les parties de Rouergue & d'Auvergne n'ont pas abforbé la portion de la Crue impofée en même temps fur ces Généralités.

LES ETATS ne chercheront point à critiquer ce que font les autres Adminiftrations ; mais comme c'eſt une économie que de n'avoir pas dans la même Province deux claſſes de Directeurs , comme il n'y a rien de moins conforme aux vrais principes & au bon ordre, que cette double Adminiſtration dans un Pays d'Etat ; comme il eſt naturel que le Languedoc jouiſſe de ce qui lui appartient, & veille à ce qui l'intéreſſe , les Etats oſent prier Sa Majeſté de vouloir bien leur faire remettre le produit de cette Crue pour ce qui les concerne , & de les charger auſſi de la portion de Chemin auquel elle eſt deſtinée ; ils ne perdront pas de temps pour la mettre à portée d'être donnée à l'entretien , & pour diminuer ainſi la dépenſe qu'elle exige.

LES Chemins de Sénéchauſſée ſont ceux qui conduiſent d'une Ville Epiſcopale à la Ligne de Poſte. Quelques - uns avoient été ouverts autrefois ; des dettes conſidérables avoient même été contractées pour les entreprendre , mais faute d'entretien , ils étoient devenus impraticables. Si on avoit voulu ſuivre cette méthode d'emprunts , & enſuite

négliger l'entretien, l'Impofition eût été moindre. Les Etats ont penfé que ce feroit une
économie condamnable, que celle qui laiffe-
roit aux générations fuivantes, le foin d'acquitter les dettes de la génération actuelle,
ou d'en renouveller les entreprifes. Les Chemins néceffaires ont été ouverts, & de plus,
une partie des dettes a été éteinte; & on
efpere que par ce moyen on pourra parvenir
à libérer les Sénéchauffées, & mettre à l'entretien tous les Chemins dont elles doivent
être chargées.

IL n'eft pas poffible de prévoir auffi pro-
chainement la fin des Chemins de Diocefe;
les parties qui y contribuent étant moins éten-
dues, elles y deftinent moins de fonds; d'ailleurs, l'attention qu'on porte à ne pas fur-
charger aucune Adminiftration, oblige à borner la dépenfe. Il faudra donc aller fucceffivement de l'un à l'autre Chemin; & comme
cette claffe comprend tous ceux qui vont
d'une Ville particuliere à une Ville Epifcopale
ou à une grande Ligne, il eft évident que le

temps auquel ils feront tous achevés, ne peut qu'être encore éloigné.

CE qui eft exactement obfervé, c'eft que chaque Chémin fini eft mis à l'entretien ; & les Etats ne croient pas pouvoir trop répéter que cette claffe de Chemins eft la plus intéreffante : l'argent qu'on y deftine eft placé au plus haut intérêt, & la véritable économie eft fans doute celle qui multiplie à l'infini les fources de la richeffe & de l'abondance.

LES ÉTATS conviendront qu'il manque encore à leur Adminiftration de s'occuper des Chemins de Communautés, qui ne font pas moins intéreffants : car fi la denrée ne peut fortir du grenier du Propriétaire, il eft inutile qu'ailleurs elle puiffe être tranfportée ; fi elle en fort à dos de mulet ou de cheval, il eft prefque inutile qu'ailleurs elle foit voiturée ; mais les Etats ont dû commencer par les premieres communications, & ils efperent que Sa Majefté approuvera les vues qu'ils auront l'honneur de lui propofer fur cette qua-

trieme

trieme & derniere claffe de Chemins (d). Ce fera alors que le Languedoc pourra vérita-blement fe flatter d'avoir des communications faciles ; & l'effet n'en fera pas moins fenfible fur les mœurs que fur les productions.

QUAND LOUIS XIV. voulut foumettre les Cévénes , il ordonna que des Chemins y

---

(d) *Il ne faut pas juger de nos Provin-ces comme de l'Ifle de France , de la Cham-pagne , de la Brie , qui entourent la Capi-tale : quand les chemins y font mauvais , ils font au moins ouverts & praticables dans les belles faifons ; en Languedoc , toute communication eft fermée aux Voitures , & en tout temps , fi elle n'a été rendue aifée ; le Commerce s'y fait à dos de Mulet , s'il ne trouve pas un chemin ouvert & facile ; il faut donc que l'attention fe porte à toutes les parties ; & les extrémités d'un chemin deviendroient inutiles , fi tout ce qui y conduit n'étoit également ouvert & praticable.*

K

fuffent établis ; & l'époque de leur foumiffion
fut auffi celle de leur richeffe. Les mœurs ne
font plus féroces dans les Pays des montagnes,
que parce qu'il eft plus difficile d'y pénétrer ;
& fi on parcouroit les parties du Languedoc qui ne font pas ouvertes, fi on compa-
roit les routes impraticables du Velay (e) avec
les routes plus faciles du Vivarais ; celles de
ce Pays montueux avec les Cévénes encore
plus ouvertes & plus cultivées ; enfin, ces
Cévénes mêmes avec les parties de la Province où les communications font plus faciles,
on verroit combien ces communications in-
fluent fur les mœurs , fur la foumiffion aux
Loix , fur le refpect pour le Prince : la
culture de l'efprit & celle des terres , fem-
blent marcher de niveau ; & dans l'ordre mo-

(e) *On a vu ci-deffus qu'en Velay la*
collecte coûtoit communément quatorze de-
niers , & voilà une preuve de ce que produit
le défaut de communication.

ral, comme dans l'ordre phyfique, la plus fatale politique feroit celle qui, ifolant les hommes faute de Communications, aimeroit mieux ne les pas impofer, que de les policer & de les enrichir.

LES PONTS.

LA néceffité fait conftruire les Ponts; le défaut de moyens fuffifants empêche de les conftruire tous à la fois. L'économie confifte à choifir les plus néceffaires, & à ne les pas faire trop difpendieux.

LES ETATS fuivent pour la dépenfe des Ponts, une méthode qui proportionne l'entreprife à l'intérêt. Quand un Pont ne paffe pas quatre cents quatre-vingt livres, il eft à la charge de la Communauté qui le demande; s'il paffe cette fomme, il devient à la charge du Diocefe jufqu'à la fomme de quatre mille livres; à celle de la Sénéchauffée jufqu'à dix mille livres; & au delà, à celle de la Province. Mais dans ces diverfes gradations,

chaque portion paie toujours fon contingent,
qu'on appelle préciput ; & par ce moyen,
les Adminiftrations inférieures ne font point
intéreffées à augmenter les frais, & l'Adminiftration fupérieure l'eft à les diminuer.

QUANT à la Magnificence dans les Ponts,
les Etats n'en connoiffent que deux fur lefquels ils peuvent convenir que le defir naturel aux Directeurs de faire valoir leurs talents
a pu les porter au-delà du néceffaire ; celui
de Lavaur, bientôt fini, & celui de Gignac
qu'on commence à conftruire.

CELUI-CI fufpendu pendant cinquante
ans, & dont la néceffité a été démontrée
par une multitude de malheurs, offroit des
difficultés que l'art feul pouvoit vaincre ; &
les efforts de l'art amenent toujours une forte
d'appareil & de magnificence dont il eft difficile de fe défendre.

L'AUTRE, placé fur une Riviere rapide,
où trois arches pouvoient être conftruites, la
traverfe par une feule de cent cinquante pieds
de largeur.

IL en réfultera peut-être un furcroît de dépenfe ; mais l'art des Ponts ne peut être trop perfectionné ; & il ne peut l'être que par de grands exemples. Ce font ceux qui ont été donnés par les Ingénieurs des Ponts & Chauffées qui ont excité le zèle des Directeurs du Languedoc ; il en coûte plus pour l'ouvrage qu'on entreprend, mais il en coûte moins pour ceux qui fuivent. On fait d'ailleurs combien les Ponts furbaiffés ont d'avantages par le libre cours des eaux & la facilité du paffage des voitures ; & fi on comparoît les frais d'une feule arche, & ceux que plufieurs arches entraînent, on trouveroit peut-être que la dépenfe n'augmente pas à proportion de la grace & de la folidité.

LES ÉTATS pourront reftreindre les Ingénieurs fur l'effor qu'ils voudroient fe donner ; mais ils ne peuvent prévoir de modération fur la dépenfe que les Ponts exigent. Le Languedoc eft traverfé de Torrents qui fe trouvent tout d'un coup impraticables. De

grandes Rivieres, telles que la Garonne, le
Tarn & plufieurs autres, manquent encore
des Ponts indifpenfables. Il en faut dans des
lieux où il y en avoit autrefois, & qui ont
été renverfés par des inondations, ou que la
vétufté a détruit : il les faut conftruire en
pierre parce que les bois deviennent rares,
& que l'exemple de celui qui, fept ans après
fa conftruction à Valentine, a été entraîné
par une crue de la Garonne, a fait voir que
l'épargne dans la conftruction, eft une mau-
vaife économie.

L'ATTENTION des Etats ne peut donc
fe borner qu'à commencer par les plus néceffaires, à fufpendre les autres jufqu'à ce
que les premiers foient finis, à ménager fur
ce qui concerne l'ornement, fans rien épar-
gner pour la folidité, & à prévenir toute in-
certitude dans les Adjudications, de maniere
que le prix foit auffi certain qu'il peut être,
avant l'entreprife, & ne puiffe augmenter lorfqu'elle eft commencée.

CANAUX ET RIVIERES.

L'ATTENTION que les États donnent à tirer parti des eaux, à les empêcher de nuire & à les rendre praticables, eſt un des objets principaux de leur Adminiſtration.

ILS ne parlent pas ſeulement du grand Canal de communication des deux Mers ; ce, Canal eſt la poſſeſſion de la Famille qui l'a fait conſtruire, & on ne peut qu'applaudir à la vigilance avec laquelle il eſt entretenu.

CE Canal n'en exige pas moins cependant de temps en temps des dépenſes de la part de la Province. Tantôt ce ſont des Ponts qu'il faut établir ; & comme tous ont été faits à la même époque & trop légerement, c'eſt auſſi à la même époque qu'il faut travailler à leur réconſtruction ; tantôt ce ſont des aqueducs que demandent les Riverains, ou d'autres Ouvrages du même genre ; la maniere dont ils doivent être faits par la Province & les Propriétaires du Canal, eſt déterminée par des conventions faites en 1739, & il ne peut y avoir ni luxe ni excès dans cette dépenfe.

MAIS, quelque beau que foit en lui-même le projet du Canal de communication des deux Mers, il ne rempliffoit qu'imparfaitement ce que le bien de la Province & celui du Royaume fembloit exiger. Il falloit étendre l'embouchure de ce Canal , & le joindre au Port de Sette , le plus confidérable de la Province.

IL falloit aller encore plus loin, & paffant au travers des Etangs & des Marais, joindre Agde , Sette , Aiguefmortes & Beaucaire , & donner par-là la main aux Canaux qui doivent traverfer tout le Royaume.

IL falloit ne pas négliger les branches intérieures , & fur-tout celle du Sommail à Narbonne , tant de fois reculée par de petits intérêts mal-entendus , & à la fin heureufement concilié pour l'avantage commun des deux navigations.

IL falloit , en s'occupant de ces objets intéreffants , & de ceux qui en font une fuite ,

ne

ne pas négliger la navigation des grands Fleuves qui arrofent le Languedoc, & furtout celle de la Garonne ; la perfectionner de Touloufe à Bordeaux (f), l'ouvrir dans la partie fupérieure, & amener ainfi du fond des Pyrenées, toutes les richeffes & les productions que ces précieufes Montagnes recelent, & dont le befoin fe fait plus fentir que jamais.

L'ENSEMBLE de ces projets peut fans doute en impofer à l'imagination, mais ce

(f) Les Etats ne peuvent s'empêcher de remarquer que depuis trois ans & plus, ils follicitent un Arrêt du Confeil, au fujet de cette riviere. L'utilité en eft reconnue, les principes en font avoués, & le délai augmente la dépenfe, nuit au Commerce, & rend la navigation plus difficile. L'économie dans ces fortes d'ouvrages, exige qu'ils foient faits promptement, à propos & avec fuite.

L

n'eft pas par leur grandeur qu'ils doivent être
jugés , c'eft par leur utilité : s'ils ne produi-
fent pas de bons effets , leur majefté appa-
rente n'eft qu'une illufion ; mais s'ils font fortir du néant des parties prefque inconnues ,
s'ils répandent par-tout la richeffe & l'abondance , s'ils rendent à la Société , par le Commerce qu'ils animent, & les productions qu'ils
font naître , le centuple des fommes qu'on
peut employer , leur grandeur alors ne peut
être un titre pour les rejetter , & il n'y a plus
pour les entreprendre d'autre économie que
celle du temps & des moyens.

C'EST à quoi s'eft porté toute l'attention
des Etats. Ils n'ont pas tout entrepris à la
fois , & ce qui eft entrepris l'eft par divers
moyens.

UNE partie de la Crue du Sel , confentie
à cette condition , eft affectée au Canal de
Beaucaire & à celui de Narbonne , une autre
partie aux ouvrages de la Garonne ; & les
Impofitions ordinaires fourniffent au furplus,
ainfi qu'au Canal de Sette & des Etangs.

ON ne peut féparer d'un grand Projet, toute idée de magnificence ; l'étendue des ouvrages, leur folidité, la grace des formes qui naiffent de cette folidité même fuffifent pour exciter cette impreffion ; mais à la réferve de ces qualités effentielles, les Etats ne fe font permis ni ornements ni recherches qui appartinffent uniquement à la décoration. A Aiguefmortes & au Sommail, ce font de grands Baffins & des Eclufes conftruites avec toute la fûreté qu'elles demandent. A Sette, ce n'eft qu'un creufement au milieu des fables & des eaux. A Touloufe, l'entreprife totale paroît avoir befoin d'un plus grand éclairciffement.

CETTE Ville, la Capitale de la Province, a l'avantage d'être baignée par un grand Fleuve qui paffe au pied de fes murs, & la fépare d'un Fauxbourg confidérable, appellé le Fauxbourg St. Cyprien.

MAIS ce Fleuve étoit rendu inutile par deux Moulins, l'un fupérieur appellé du

Château , l'autre inférieur appellé le Ba-
facle , qui barroient par deux grandes chauffées , & interdifoient tout paffage aux bâtiments qui vouloient ou le remonter ou le
defcendre.

SUR ce même Fleuve fe trouve un Pont
magnifique , conftruit dans le dernier fiecle ,
qu'on ne refairoit pas pour plufieurs millions ,
& dont la confervation eft infiniment pré-
cieufe.

LA feconde pile de ce Pont étoit menacée
par les eaux qui s'y portoient avec force , & cet
effet étoit caufé par un atterriffement inférieur
qui empêchoit les mêmes eaux de paffer fous
la premiere arche.

IL falloit donc pour l'intérêt du Pont &
pour celui du Commerce , détruire cet atterriffement , & vaincre les obftacles qu'offroient
les deux Moulins.

CETTE idée fimple eft le principe de tous
les ouvrages qui fe font faits à Touloufe, &
qui en ont été une fuite néceffaire.

POUR détruire cet atterriffement, il a fallu y fubftituer un Quai, dont les eaux puiffent baigner les bords : pour vaincre un des Moulins il a fallu faire un Canal qui le tournant, communiquât la Garonne avec elle-même ; & pour rendre ce Canal facile, il a fallu étendre les Parapets & les Quais jufqu'à celui qui devoit remplacer l'atterriffement, & y faire deux Ports pour la commodité du Commerce.

ON ne peut nier que la dépenfe de ces ouvrages n'ait été confidérable, parce qu'un Canal de huit cents toifes, des Ponts qui le traverfent, une grande Eclufe, des Quais, des Parapets, des Maifons à détruire pour leur emplacement ; enfin, l'enfemble d'un pareil projet ne peut être fait à vil prix, mais on y a travaillé long-temps : depuis dix ans & plus, l'ouvrage eft commencé & n'eft pas fini ; pour aider la Province, le Roi a permis que les fonds deftinés pour la navigation fupérieure de la Garonne, y fuffent employés ; les ouvrages font grands & folides, mais rien

n'y eſt magnifique ; & à la réſerve d'un bas-relief
en marbre de cinquante pieds , qui a coûté
quinze mille livres , il n'y a pas un ſeul ornement de Sculpture ou d'Architecture au-delà
de ceux que la ſolidité aſſigne.

DEJA la Ville de Touloufe jouit d'une partie des avantages de ce vaſte projet , & déjà
l'économie des Etâts commence à rembour-
ſer des ſommes qu'il a fallu dans certains
temps emprunter pour ſon exécution ; mais
l'obſtacle ſupérieur reſte encore à ſurmonter ;
& les Etats ſont ſi convaincus de l'importance
& de la néceſſité de completter ce grand
ouvrage , qu'ils ne craindront pas cette année
même , d'en mettre les moyens ſous les yeux de
Sa Majeſté ; & ils eſperent qu'Elle voudra
bien y applaudir , & leur continuer le même
ſecours.

ON demandera peut-être pourquoi cet ouvrage , qui paroît ſinguliérement utile à une
Ville particuliere , ne ſe fait pas à ſes dépens , & eſt ſupporté par la Province ?

SI le Pont qu'il s'agiſſoit de préſerver ſe

fût écroulé, il n'eût pas été réconstruit aux frais de la Ville, mais à ceux des Etats ; le Commerce à qui il s'agiſſoit d'ouvrir une route, ne regardoit pas la Ville ſeule qui pouvoit lui ſervir de paſſage, mais encore les parties ſupérieures & inférieures. On feroit plutôt en droit de demander pourquoi de tels ouvrages ne ſe font pas aux dépens de tout le Royaume, que d'imaginer qu'ils duſſent être faits par la Ville qui leur prête ſon Territoire.

IL eſt vrai qu'elle profite des Quais qui ſe font le long de ſon enceinte ; mais ces Quais ne ſont que pour la conſervation du Pont & les abords du Commerce ; ce ne ſont pas les maiſons & les façades que la Province conſtruit, ce ſont les murailles qui ſoutiennent ces Quais, & les défendent de la riviere. Si elle aide les Particuliers dans la conſtruction de leurs nouvelles habitations, c'eſt en dédommagement de celles que l'établiſſement des Quais oblige de leur enlever ; ſon objet eſt de donner une iſſue aux eaux & au Commerce, & la décoration de la Ville n'en eſt qu'un effet acceſſoire.

CE n'eſt pas que s'il y eût du doute pour
ſavoir qui de la Province ou de la Ville eût
dû ſupporter quelque partie de la dépenſe,
les Etats n'euſſent par une ſuite de leurs principes, prononcé contre eux-mêmes ; ils croient
que l'intérêt direct doit décider des frais de
tout ouvrage ; mais lorſque cet intérêt eſt
douteux ou partagé, ils penſent auſſi que c'eſt
à la partie la plus puiſſante à ſoulager celle
qui eſt la moins riche. Ils ſe regardent comme les Peres & les Tuteurs des Adminiſtrations ſubordonnées ; ils s'empreſſent de venir
à leur ſecours ; les Communautés, dont la
Province n'eſt que la réunion, excitent particulierement leur attention ; c'eſt pour les
ménager qu'ils ſe ſont chargés en corps de
pluſieurs Impoſitions qui auroient été leur
ruine. On ne peut trop, dans une Adminiſtration bien entendue, conſerver la force des
Communautés. Si elles ſont trop accablées
des charges directes, elles ne peuvent plus
ſuffire aux charges générales ; & il faut que

tout

tout s'écrafe fi les parties s'affoibliffent.

CE n'eft pas feulement la navigation des Canaux & des Rivieres qui occupe les Etats, ils cherchent encore à prévenir ou à réparer le défaftre des eaux ftagnantes ou des inondations caufées par les torrents.

C'EST par une fuite de cette attention qu'on les voit travailler fans relâche à reconquerir fur les Marais d'Aiguefmortes, des terreins cédés par le Domaine. à l'avidité des Particuliers, & qu'il a fallu retirer à prix d'argent de leurs mains, pour les rendre à la culture, & y ramener la falubrité.

C'EST par une fuite de la même attention, que des ouvrages ingénieux auxquels Sa Majefté veut bien contribuer fur le fonds des Indemnités, difpoferont, pour ainfi dire, à volonté, des inondations d'un torrent (la Riviere d'Aude), & doivent les écarter ou les placer en quelque forte, avec la main, fuivant qu'elles pourront être avantageufes ou nuifibles.

C'EST enfin dans cette vue, que prefque

M

tous les Dioceses font occupés de prévenir les crues des Rivieres, d'en aligner le cours, & de détruire les moulins qui l'interceptent. Dans les Pays méridionaux, presque toutes les Rivieres font des torrents; les ouvrages qu'elles exigent font donc fréquents & difpendieux; dans les autres Provinces, ces ouvrages font fouvent inutiles, quelquefois négligés; quand ils ont lieu, ils font fupportés par des fonds étrangers à l'Impofition générale & presque ignorés du Gouvernement. En Languedoc, tout eft évident & connu; pour tout fupporter, il n'y a qu'un feul fonds, celui de l'Impofition. Les Communautés même qui ont des biens patrimoniaux, font obligées d'en mettre le produit en moins-impofé, ce qui leur en rend la geftion plus intéreffante, & les dépenfes font impofées; ce qui doit rendre fobre à les demander & attentif à les éviter.

SA MAJESTÈ ne doit donc pas être étonnée, fi l'Impofition fupportant tout, monte à des fommes confidérables; Elle ne doit pas l'être non plus, si les Etats lui demandent de si grands secours sur les Indemnités pour le redressement des Rivieres & autres ouvrages semblables. C'est principalement à conserver & à recouvrer les biens que supportent l'Impôt, que l'indemnité doit être consacrée ; & ne vaut-il pas mieux dédommager celui qui perd son fonds, que celui qui n'en perd que la récolte ? La modique somme que celui-ci reçoit, ne peut compenser la perte qu'il a supportée, & celle que l'autre recevroit, ou la Communauté plaignante, leur rendroit ou conserveroit des terreins qui ont été enlevés ou qui sont prêts à leur échapper.

AVANT de terminer ce qui regarde les eaux, il est juste de ne pas omettre l'entretien des Ports, qui est à la charge des Etats.

DANS les autres Provinces, cette dépense est supportée par tout le Royaume. Le Languedoc supporte seul celle qui le concerne & ne s'en plaint pas ; mais cette partie de dé-

penſe accroît néceſſairement l'Impoſition faite
pour les Ouvrages-Publics.

LE Port de Sette, le principal des Ports
du Languedoc, a été déterminé par le
Gouvernement; & c'eſt lui qui a excité en
divers temps les Etats à y faire tous les Ouvrages qu'on peut y approuver ou y critiquer.
C'eſt ſans doute un malheur pour la Province, que ce Port, ſaiſi à chaque inſtant par
les ſables amoncelés du Golfe de Lyon, ne
puiſſe être entretenu qu'avec des frais exceſſifs,
& répétés chaque année; mais ces frais ne
peuvent être évités, ſans rendre inutile la dépenſe qui a été faite, & qui ne pourroit
peut-être pas être mieux placée; & en les
ſupportant, les Etats ne font que ſe conformer à une ſuite d'Inſtructions que le Gouvernement eſt trop éclairé pour vouloir ré-
voquer.

LES mêmes Inſtructions ont recommandé
les Ports d'Agde & de la Nouvelle, inté-
reſſants par leur poſition. Le Languedoc eſt
bien loin de ſe glorifier de ces Ports, il en

fent l'infuffifance ; mais obligé de fe conten-
ter de ce que fa pofition lui permet, il
s'efforce de fuppléer à la médiocrité par l'exactitude de l'entretien ; & c'eft à cette exactitude que les Etats bornent leur dépenfe :
heureux encore, fi une liberté entiere pouvoit animer leur Commerce, & fi une Ville
voifine, contente de fon évidente fupériorité ,
ne cherchoit pas à enlever au Languedoc le
foible avantage des Ports difficiles, impar-
faits, & qui ne peuvent jamais être fes Ri-
vaux.

OUVRAGES DE TOUTE ESPECE
non-compris dans les Paragraphes précédents.

IL refte peu d'Ouvrages qui ne foient compris dans ceux qu'on vient d'expofer. Les
Etats ne parlent pas de l'entretien des Places
fortes, pour lequel ils contribuent d'une fomme de trente-quatre mille livres : cette fom-

me a été augmentée depuis trois ans de
quatorze mille livres. Les Etats ont réclamé
contre cette augmentation, & ils avouent
qu'ils ne peuvent concevoir à quoi servent
ces Places fortes, qui n'en ont que le nom
& la dépense; qu'on n'entretiendroit sûrement
pas avec trente-quatre mille livres, pour lesquelles trente-quatre mille livres sont super-
flus s'il n'est pas besoin de les entretenir,
& dont l'abandon seroit une grande épargne, comme la destruction une véritable économie. Les Etats ne peuvent que s'en rap-
porter à la Sagesse de Sa Majesté; mais ils
ont cru entrer dans ses vues, en lui indiquant
un retranchement utile, & dont il ne peut
résulter aucun inconvénient.

IL est deux Ouvrages dont les Etats doivent rendre un compte particulier à Sa Majesté, parce qu'ils en imposent au Voyageur,
& que sûrement on y fait allusion, toutes les
fois qu'on parle de la Magnificence du Languedoc.

CES Ouvrages sont la Place du Peyrou

à Montpellier , & l'entrée de Touloufe du
côté de la Guienne.

LA Place du Peyrou eft fans doute un
Ouvrage de luxe , fi on applique cette dé-
nomination à tout ce qui n'eft pas de premiere néceffité. En ce fens , toute Place
publique eft un Ouvrage de luxe , & par
fon emplacement qui eft ftérile & fans produit , & par fa décoration qui ne peut s'é-
tablir fans dépenfe.

POUR juger de celle que la Place du
Peyrou a occafionné , il faut favoir que les
Etats avoient délibéré du vivant de LOUIS
XIV. de lui élever une Statue fur une éminence fituée à Montpellier , & qu'on appelle
le Peyrou ; d'acheter les terreins qui entouroient
cette éminence , & d'y former une Place où
cette Statue feroit pofée.

LA mort de LOUIS XIV. n'empêcha pas
l'exécution du vœu des Etats ; la Statue fut
élevée en 1717 , & on y voit cette Infcription :

INCOLUMI VOVERE :
EX OCULIS SUBLATO POSUERE.

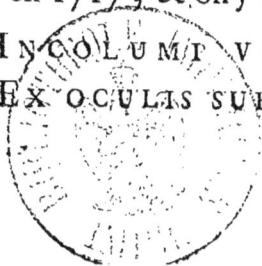

LES ÉTATS firent plus, ils acquirent
fucceffivement les terreins néceffaires pour la
formation de la Place ; mais ils retarderent
la décoration , tant par une fuite de cette
attention qu'ils ont à méditer long-temps leurs
projets avant de les exécuter, que par les
difficultés que la pofition offre pour en former
un convenable.

L'OCCASION de fe déterminer fe préfenta
en 1764. L'Adminiftration de Montpellier ,
autorifée & dirigée par M. l'Intendant, venoit de conftruire un Aqueduc immenfe, qui
pouvoit apporter plus de quatre-vingt pouces
d'une eau faine & limpide, dans une Ville
qui , dévorée par l'ardeur du climat, n'avoit
pour fournir aux befoins de fes Habitants ,
qu'une chétive Fontaine d'une eau fade & peu
falubre , & prête à tarir à tous les inftants.

CET utile , quoique magnifique & difpendieux Ouvrage , devoit être fuivi de belles
Fontaines, qui répandiffent cette eau falutaire
dans les différents quartiers de la Ville ; mais
l'arrivée même de l'eau manquoit de la décoration

coration néceffaire. L'Aqueduc aboutiffoit à cette même Place du Peyrou, qui, dénuée de tout ornement, ne répondoit pas au Monument majeftueux dont elle devoit être le terme.

LA Ville de Montpellier demanda alors aux Etats de reprendre l'engagement que leurs peres avoient contracté. Il étoit honteux de ne le pas accomplir, & de laiffer la Statue d'un Grand Roi ifolée, pour ainfi dire, au milieu des champs.

IL étoit convenable d'aider une Ville qui venoit de fubvenir à une dépenfe dont les Etats chaque année pourroient recueillir le fruit ; l'exécution de l'ancien engagement fut donc de nouveau délibéré ; & ayant été autorifé par le Roi, les Etats firent dreffer divers Plans & Projets qui furent mis fous leurs yeux.

ILS fe déterminerent pour le plus économique; en l'adoptant, il fallut exclure celui d'une Colonnade que la pofition fembloit exiger ; on la rejeta à caufe de la cherté ;

N

mais il fallut y fuppléer en partie, & la grandeur de l'idée fut fubftituée à la grandeur de la dépenfe.

LOUIS XIV. avoit donné fon nom à fon fiecle, & réciproquement les Grands-Hommes de ce fiecle avoient contribué à fa gloire. Il fut réfolu d'entourer cette Place des Statues de ces Grands-Hommes, & de mettre ainfi LOUIS XIV. au milieu de ceux qui avoient illuftré fon Regne. Cette fuite de Statues au nombre de douze Groupes, fera coûteufe fans doute, mais elle l'eft bien-moins que ces Colonnes qu'on auroit été obligé d'adopter; & la dépenfe fe faifant fucceffivement, fera moins fenfible.

SI on demande maintenant pourquoi élever un tel Monument dans une Ville particuliere & fi éloignée de la Capitale, les Etats croient qu'il ne leur fera pas difficile de répondre; c'eft que l'engagement avoit été pris autrefois par le Languedoc, & que les Rois y font refpectés après leur mort, quand ils y ont été honorés pendant leur vie; c'eft qu'une Ville où fe tiennent les Etats , & où les Etrangers abordent de toute part , mérite une attention partculiere ; c'eft qu'il étoit jufte que le Public, en y concourant, mît pour ainfi dire fa fanction à la dépenfe de l'Aqueduc dont il profitoit avec tant d'avantage ; c'eft enfin parce que les Etats ofent croire que ce n'eft pas dans la Capitale feule que les Arts doivent être foutenus & encouragés.

LES progrès qu'ils y font font, comme on l'a dit, perdus pour nos Provinces. Trop éloignées du centre, l'induftrie languit fi elle n'eft encouragée ; & fi le talent n'y eft pas occupé, il faut qu'il s'en éloigne. Ce n'eft pas qu'on ait l'intention d'y entretenir beaucoup de Statuaires, de Peintres , &c., mais on ne peut trop répéter que c'eft en protégeant les claffes fupérieures, que les claffes inférieures fe forment : Il n'y a pas de bons Artifans, où il n'y a pas d'Artiftes , & ceux-ci dans nos contrées ne peuvent être fixés ni formés que par les Ouvrages-Publics.

AINSI , des objets qui paroiffent de luxe , deviennent par leurs effets des objets de premiere néceffité ; & lorfqu'à cette confidération , fe joint l'avantage de maintenir le refpect dû aux Rois , en décorant dignement la Place où eft élevée la Statue d'un des plus grands d'entr'eux , les Etats efperent que la dépenfe n'en fera regrettée ni des Peuples ni du Gouvernement.

IL ne leur fera pas plus difficile d'expliquer les ouvrages qui fe font auprès de Touloufe pour l'entrée de cette Ville.

LES Chemins néceffaires d'Auch & de Lombés étoient près d'être finis ; mais à l'iffue de ces Chemins étoit la Porte qu'on appelle St. Cyprien, & qui offroit, de l'aveu de tout le monde , les plus grandes incommodités dans fon paffage.

LES ETATS demanderent donc à la Ville d'y remédier ; & celle-ci prenant alors en confidération divers projets, fe détermina pour une nouvelle Rue qui enfiloit le Pont fur la Garonne plus directement que celle qu'on étoit obligé de suivre.

CETTE Délibération fut autorisée par M. l'Intendant ; & la Ville en conséquence demanda aux Etats de conformer les avenues extérieures au Projet qu'elle avoit adopté.

LES ETATS ont acquiescé à cette demande , & eussent été répréhensibles s'ils ne l'eussent pas fait ; ils ne diront pas que cette nouvelle Rue fût de premiere nécessité ; mais ils diront qu'une belle entrée convient à une grande Ville , la Capitale d'une grande Province ; ils diront que la Porte du côté d'Auch est une de ses principales issues , & par laquelle il aborde le plus grand nombre de Voitures ; ils diront que le vœu de la Ville a dû déterminer celui des Etats ; & qu'en exécutant, comme ils font , l'ouvrage avec lenteur , ils y ont observé la seule économie dont il est susceptible.

ILS ajouteront qu'on peut remarquer dans cette dépense , le soin qu'ils ont de laisser à chaque Adminiſtration la dépenſe qu'elle doit ſupporter.

. JUSQU'A l'entrée , tout eſt à la charge de la Province ; la Porte , & tout ce qui eſt intérieur , ſont ſupportés par la Ville. C'eſt par cette harmonie & cet accord des diverſes Adminiſtrations , qu'elles parviennent à faire de grandes choſes ſans être ſurchargées : il n'eſt preſque rien que les Provinces ne puiſſent exécuter , lorſque l'argent ne ſort pas de leur enceinte , & que leurs forces ſont ménagées.

IL réſulte de cet expoſé ſur les Ouvrages-Publics , qu'il y a très-peu de dépenſes qui ne ſoient de première néceſſité ; que celles qu'on pourroit accuſer de luxe , ſont juſti-fiées par leur influence ſur les Arts , dont il eſt de l'intérêt public de favoriſer la perfec-ton ; & qu'à l'égard des autres , elles ſont toutes néceſſaires & indiſpenſables ; que ſans elles le Commerce & l'Agriculture auroient langui dans la Province ; qu'elles ſeules ont mis le Peuple à portée de ſuffire à l'Impôt ;

qu'elles font la reffource du Pauvre, & le principe de l'aifance du Riche ; que ce feroit réduire l'un à la mendicité, & l'autre à la détreffe, que de vouloir les retrancher ou diminuer ; & que la feule économie que les Etats ne doivent jamais perdre de vue, eft de faire ces dépenfes avec ordre, fans excéder le prix des Ouvrages, & fans les ménager aux dépens de la folidité.

CE n'eft pas que s'il furvenoit quelque Impofition extraordinaire occafionnée par la Guerre ou par quelqu'autre circonftance imprévue, les Etats ne cruffent pouvoir faire quelques retranchements ; & c'eft là encore un des avantages de leur Adminiftration. C'eft pendant la Paix qu'il faut fe livrer à des travaux utiles ; l'argent du Riche paffe alors fans qu'il s'en apperçoive, & avec profit pour lui-même dans la poche du Pauvre. Lorfque la Guerre vient, une partie de ces dépenfes fufpendue, rend moins fenfible l'Impofition à laquelle elle oblige d'avoir recours ; mais ce retranchement même ne doit êcre que paffa-

ger ; il n'eſt pas ſuffiſant pour le ſoulagement
des Peuples que l'Impoſition ſoit la méme ; la
diffèrence eſt extrême lorſqu'elle eſt remiſe
au Tréſor-Royal, ou lorſqu'elle eſt dépenſée
dans la Province ; ici la dépenſe rapporte
plus qu'elle ne coûte ; là tout eſt en perte
pour la Province, & la Guerre diminue encore ces richeſſes ; on peut même dire que
c'eſt lorſqu'on établit un nouvel impôt, qu'il
faut ouvrir une nouvelle ſource de productions,
& voilà ce que font de nouvelles communications, qui donnent une plus grande valeur
aux denrées, & quelquefois font naître dans
une Province des richeſſes qu'on n'y ſoupçon-
noit pas.

SI LES ÉTATS ſe trompent dans la maniere dont ces communications ſont prati-
quées en Languedoc, ſur la conſtruction des
Ouvrages-Publics, ſur la forme des Adjudications ; ſi d'autres Réglements & d'autres mé-
thodes peuvent procurer plus d'ordre & plus
d'économie, ils ſeront empreſſés de recevoir
les inſtructions qu'on voudra leur donner.

Cette

Cette partie d'Adminiftration eft délicate , difficile , quelquefois minutieufe , & elle ne peut être trop fcrupuleufement étudiée & réfléchie.

CONCLUSION.

LES ÉTATS ont expofé l'emploi des fommes qui font à leur difpofition , & ils efperent que Sa Majefté ne les défapprouvera pas ; ils fe flattent même d'avoir détruit l'idée qu'on veut donner de leur Magnificence ; la plûpart de leurs dépenfes font de celles qu'on peut appeller productives (g), & des avances enlevées au luxe , & placées ,

---

(g) *Il n'y a qu'à comparer ce qu'a coûté le Canal-Royal , & ce qu'on a employé en gratification au Commerce du Levant , pour juger de ce qu'on appelle dépenfes productives ; un million en a produit plus de dix annuels.*

O

comme on l'a dit, au plus haut intérêt.
Malgré l'utilité de ces dépenſes, & notamment de celles qui concernent les Chemins,
le deſir de répondre aux Intentions de Sa
Majeſté, les a déterminés à retrancher le
dixieme des ſommes délibérées pour toute
les entrepriſes que la Province devoit ſupporter en Corps. Cette modération générale
leur a paru plus facile que le choix entre
des Ouvrages également néceſſaires ; elle produit une diminution qui, jointe à celle que
l'Impoſition éprouve d'ailleurs cette année,
en opére une totale de trois cents quarante-
deux mille neuf cents quatre-vingt-onze liv.
quinze ſols dix deniers ſur celle de l'année
derniere.

LES ÉTATS ont de plus rejeté cette
année preſque tous les Ouvrages nouveaux
qui leur ont été propoſés, & s'en ſont tenus
à ceux qui n'auroient pu être ſuſpendus ſans
inconvénient; mais en s'empreſſant ainſi d'entrer dans les vues de Sa Majeſté, les États
ne ceſſeront de la ſupplier de vouloir bien

continuer à ne pas regarder le retranchement des dépenses locales, comme une économie dont le Tréfor-Royal puisse profiter.

C'EST l'argent qui fort d'une Province, & non celui qu'on y dépense qui la ruine ; & lorsque les dépenses publiques font bien ménagées, elles font communément un principe de richesse pour les Pays qui les supportent.

UNE regle assez sûre pour juger de l'importance des dépenses publiques, est le vœu des Peuples ; & les États se flattent de le mériter & de l'obtenir. Ce n'est pas cependant qu'ils ne croient qu'il peut y avoir des plaintes, & elles doivent même être assez communes dans un Pays d'Etats ; tout le monde a droit de s'y occuper de ce que font les Administrateurs ; & les États en ont facilité les moyens par l'impression de leurs Procès-Verbaux. Chacun a donc son projet, & est mécontent s'il n'obtient pas la préférence.

CETTE espece de censure publique est

dans doute un mérite de la constitution des Etats ; & ce mérite est encore plus sensible lorsque les plaintes parviennent au Trône. Ailleurs elles portent contre l'Autorité même ; dans les Pays d'Etats elles sont l'expression de l'amour & de la confiance. Aussi les Etats sont-ils bien éloignés de trouver à redire à ces improbations particulieres, qui sont quelquefois pour eux des avertissements dont ils ne négligent pas de profiter ; mais elles ne doivent pas être confondues avec la voix du Peuple, qui résulte du suffrage de ses Représentants, de celui des Communautés, & des principaux Propriétaires intéressés ; & c'est en ce sens que les Etats ne craignent pas de dire qu'il y a plusieurs dépenses publiques sur lesquelles les Peuples trouvent l'Administration trop lente & trop mesurée.

DU RESTE, LES ÉTATS termineront ce Mémoire comme ils l'ont commencé, par les plus sinceres remerciments à Sa Majesté, de l'affection qu'Elle témoigne à ses Sujets, & du desir qu'Elle a de procurer leur bonheur. Ils font entrés dans fes vues, en faifant le feul retranchement qui étoit en leur pouvoir; ils ne négligeront aucun moyen pour que la plus exacte économie préfide à leur dépenfe; & s'ils ont indiqué à Sa Majefté des reformes utiles qu'Elle croie devoir adopter, ils regarderont comme un nouveau bonheur d'y concourir par leurs foins.

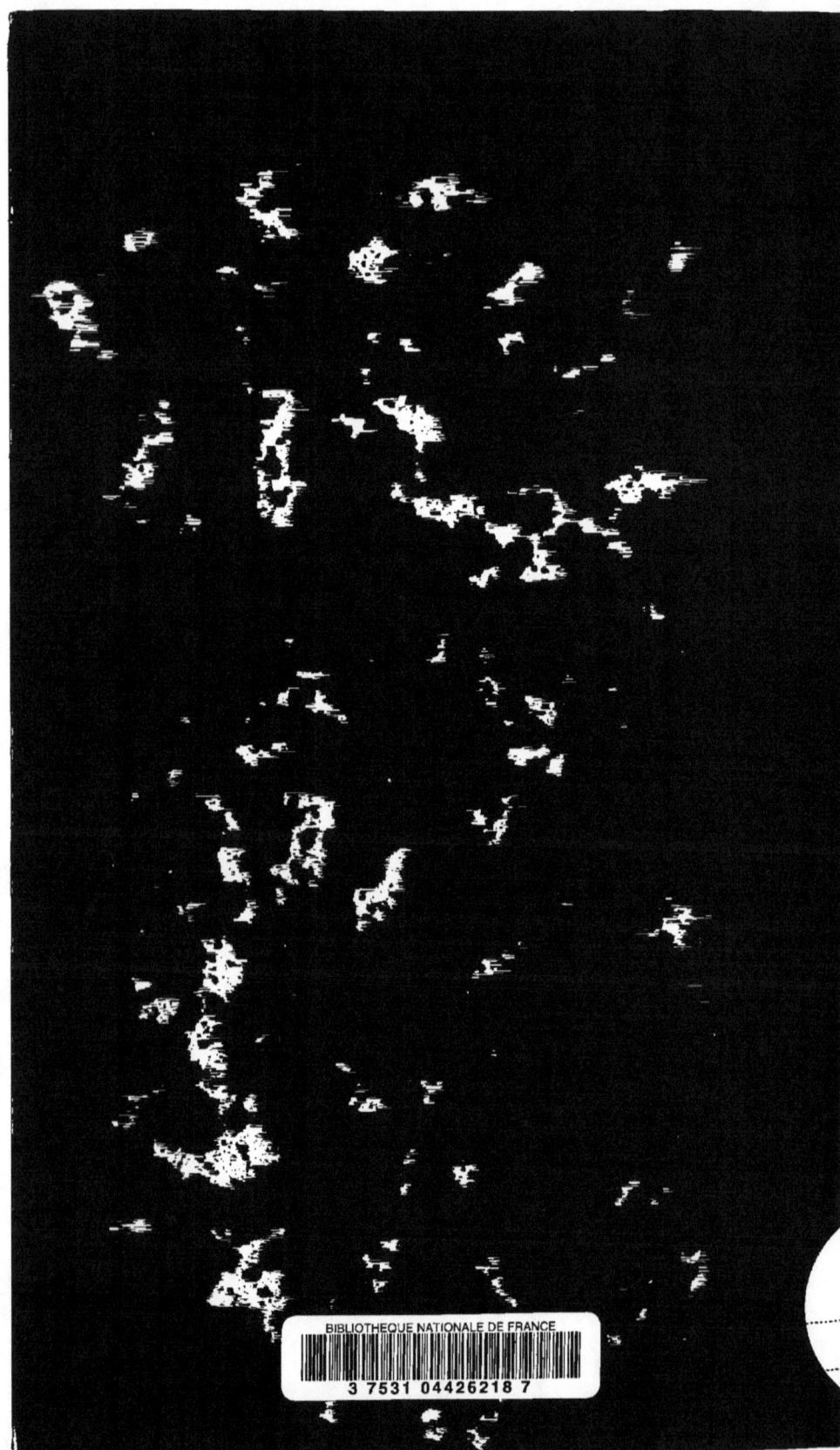

www.ingramcontent.com/pod-product-compliance
Lightning Source LLC
Chambersburg PA
CBHW052116090426

42741CB00009B/1839